認知作戰下，台灣與全球的
文明終局抉擇

第三進化

周百濤

著

{目錄／CONTENTS}

（ 04. 兩岸篇 ）

（ 05. 未來篇 ）

/ Preface /
作者序

近年來，台灣社會面臨了一種愈來愈嚴重的新型態挑戰，除了傳統「藍綠」和「統獨」的對立之外，更形成一種新的「中國文明體系 vs 世界文明體系」兩大陣營對抗，也就是選擇中國或者美國兩者之間的對立，由於雙方有著截然不同的邏輯，造成台灣社會新的分裂。很久不曾在飯桌上或社交圈，看到台灣民眾為了這兩種不同的意識型態爭得面紅耳赤，或者為了避免鬧得不愉快，儘量避免去談這類敏感的話題。

過去台灣面臨的藍綠或統獨選邊站，問題本身相對單純，但是自從兩岸開放三通後，中國對於台灣的影響力大增，更帶來了中國文明體系的認知邏輯，對台灣的認知系統造成重大影響。現在除了原有的藍綠選邊挑戰，更加入了不同的認知體系和中美之間的選邊站，台灣從來不曾面臨這麼高層次，以及這麼國際化的抉擇，使得台灣社會出現了思考當機的情況，許多台灣民眾並未意識到，台灣已經進入了更大的選擇格局，過去

的認知系統和信念，明顯地無法跟上國際大環境的變化，這也導致了選擇判斷的混淆。

中國是台灣最嚴重的安全威脅，但是令人訝異的是，台灣社會排斥中國的民意比例明顯低於其它文明國家，更遠不如附近的日本和韓國，究其原因，一方面，兩岸之間有著更密切的血緣、文化和經濟的連結，另一方面則是隨著兩岸交流往來頻繁，「中國因素」已經不著痕跡地滲透到台灣各角落，而選邊站的選項，已經不再是過去大家所熟知的「藍綠」、「統獨」、「民主或專制」，而是讓台灣社會感到恐懼的「戰爭或和平」選擇，很多人因為害怕戰爭因而投給了親中政黨，這也證明中國這種訴諸恐懼的手段是有效的。

過去維持現狀是台灣的主流民意，說得直白一些，就是不表態、不選邊，避免觸怒中國。但是隨著國際大環境改變，中西對抗趨勢日益明顯，世界各國在這兩年紛紛站隊表態，已經高度國際化的台灣當然無法置身事外，必須選擇搭上其中一班列車，不可能停留在原地不動，選邊站隊已經是不可避免的大趨勢。而台灣受到來自中西兩股力量的劇烈拉扯，到底該選那一邊？台灣猶豫了，除了缺乏自信，也不信任文明國家，對中國卻又過度的畏懼，台灣內部有著非常大的雜音，顯然台灣並未做好選邊的思想準備。

過去藍綠的爭執雖然很激烈，但在更高的民主價值前，雙方的立場是一致的，然而現在台灣的分裂和對立，已不是民主

和專制的爭議，而是兩種不同認知系統的爭議，一者是以中國為主的認知體系，一者是西方的認知體系，兩種體系在台灣都存在著相當的支持者，並隨著中美對抗愈演愈烈，兩種認知體系的衝突也愈來愈鮮明，具有中國情感歸屬的族群，先天傾向支持中國文明體系，至於傾向台灣認同的民眾，則青睞支持世界文明體系，兩種認知體系有如兩個平行世界，而台灣原有的認知系統，並沒有辦法協調這種新的矛盾，因此需要一種新的認知架構。

這次選邊站，可謂台灣實施民主政治以來最重要的一次全民選擇，也是歷來層次最高，難度最大的一次選擇，不但關係到台灣的生存發展，更關係著台灣未來百年的福祉，而選擇的結果，將很快的決定台灣究竟是更上一層樓，或者是走向停滯和倒退。因此如何做出正確的判斷與選擇，站在具有未來性的這一邊，不但考驗台灣的勇氣，更考驗台灣的智慧。

面對如「中美」、「戰爭與和平」的選擇，加上原有的「藍綠」選項，到底要站在哪一邊？許多民眾莫衷一是，有如身處迷宮，但是如果我們將視野昇華到「文明」的高度，那麼一切都會變得很明朗，許多糾纏都將迎刃而解，台灣將更清晰地看到走出這一時代迷宮的出路，而這正是本書寫作的主旨。

至於為什會寫作這樣的一本書，這和筆者過去的一個特殊經歷有著很大的關係，在這一經歷後，筆者無心插柳的走上研究趨勢的道路。1997年，本人辭去當時的記者職務，原本

計畫前往美國進修，正在考慮的期間，遇見一位許久不見的老友，聊及前往中國大陸復旦大學進修也是一種選項。這次見面不僅改變了筆者原有的規劃，也改變了研究方向，並開啟了一段特殊的際遇。

1999年，正值李登輝提出「兩國論」之際，兩岸鬧得沸沸揚揚，筆者正好於此時負笈前往上海，原本打算以兩岸問題做為研究重點，但在進入上海後，對於中國社會和國情有了比較深刻的認識，於是全盤調整原有的研究結構，建構了一個比較宏觀且符合當時中國社會趨勢的架構，並於2001年完成了《大合和——推動全球倍速進化的新動力》一書。該書主旨在於建議中國揚棄鬥爭思維，改採和世界合作交流，以及融入國際社會的路線。

該書完成後，原本計畫在大陸內地出版，雖然當時中國言論環境遠比現今寬鬆，但該書還是因為具有一定程度的思想性，加上筆者身分為台灣人，使得官方或半官方的出版社都不願冒險出版該書。經過輾轉介紹，筆者認識了一位上海宣傳部官員，他不諱言地表示相當欣賞該書觀點，並允諾協助出版，前提是必須兩人共同掛名作者，以及選定出版條件比較自由的香港先試探水溫，於是該書後來在香港出版。

始料未及的是，《大合和》一書出版後，引起了一場茶壺內的風暴，起因主要是這位官員身分敏感，加上本書觸碰了中共最敏感的思想神經，因此引起了中共宣傳部的關注，這位宣

傳部官員還因此前往北京接受調查，當時中宣部長丁關根曾經訓斥這位官員：「我們中宣部是要洗別人的腦，你怎麼被台灣人給洗腦了？」藉著這次爭議，該書得到了「另類的關注」，反而因此進入了中南海，達到中央政治局常委的層次，據說汪道涵當時也曾對該書私下發表看法，但筆者卻因此成爲中共統戰部關切的對象。

2004年，《大合和》迎來柳暗花明又一村的發展，透過某一特定「管道」，該書再度順水推舟地進入中共高層，接著奇妙的事情發生了，當時中共國家主席胡錦濤的一位近親透過「管道」和筆者連繫，雙方在2004年進行接觸後，筆者表示該書的理念推動「成功不必在我」，就在接觸後三個月，胡錦濤政府在2005年初推出了「和諧社會」論述，此後胡錦濤政府先後在內部提出「和諧社會」；在台灣問題推出「和諧兩岸」；在全球戰略層面倡議「和諧世界」；究其源頭，《大合和》可說是「和諧社會」的原型。

《大合和》的觀點之所以被採用，在於當時胡錦濤政府受制於江澤民「三個代表」路線，因此非常需要新的論述，而該書的出現，使得胡錦濤得以提出新的思想觀念，擺脫了「三個代表」的政治路線。當然以上的事情都已經過去，之所以提及這段特別的經歷，和今天撰寫本書有著很大的關係，這段經歷讓筆者意識到，創作與建構一套完整論述的重要性與必要性，特別是當前台灣面臨認知混亂的關鍵時刻，迫切需要一個可以

澄清認知混亂的新思維。

在過去只有藍綠競爭的時代，論述和認知作戰相對單純，但是最近十年來，台灣所面臨的論述競爭，早已從藍綠之爭轉變為中國與台灣之爭，台灣面臨來自中國全方位的統戰，特別是透過認知戰與帶風向，對許多單純善良的台灣民眾造成嚴重干擾。而中共的統戰宣傳，其水平超越藍綠對抗時代甚多，台灣從來不曾面臨這麼高水平的思想競爭，往往只能見招拆招，始終處於被動防守的地位。

不論是台灣在當前的世界情勢下如何選邊，或者是面對來自中共的認知戰，台灣都需要新的思維，但這恰恰是台灣比較缺乏的一塊，雖然台灣有著許多優秀的學者和專家，但在思維和論述這一方面卻鮮少有人著墨。恰巧筆者因為過去的經歷，得以針對台灣這一缺乏的部分，以文明進化的角度做切入，打造一個適合當前情勢的論述架構，一則因為文明的角度比較不具爭議性，二則是從文明的高度看當前的認知紛亂，相對地更加簡明易懂。

當前台灣面臨兩岸空前的緊張情勢，在看得到的層面，多數民眾都意識到提升軍事武器質量對於台灣安全的重要性；但是對於看不到的心防和認知戰，台灣社會卻顯得被動與落後，也無從著手，然而台灣對於認知系統升級的迫切程度，並不亞於國防武器的升級，台灣需要一套可攻可守的認知系統。相對於中國，台灣其實有著太多思想與認知上的優勢，但是台灣社

會卻不知道如何運用，以及將其整合與轉換成對中國的認知優勢，這是非常可惜的，當然，這和台灣始終缺乏一套適合當前大環境的認知系統有著很大的關係。

　　多年來，筆者一直在等待適合的時間發表《第三進化》，告知民眾台灣社會所擁有的認知優勢。如今，終於迎來了2024大選這一最適合的時間點，可以預期的，此時台灣將面臨一場空前的認知挑戰，而這正是提出「第三進化」這一認知系統的最佳時機。當然，筆者才學有限，面對這麼重要且特殊的題材，雖然請教過不少專家與好友，但畢竟是一個創新的理念，難免有淺薄不足之處，還望讀者多多包涵指教。

2023 年 7 月 31 日　完成於台北

前　言

　　當前全世界陷入新的兩極對抗，和國際高度連動的台灣，不但無法置身事外，更身處風暴核心，台灣從來不曾進入這麼重要的國際位置，亦從來不曾在全球分工上，扮演如此舉足輕重的角色。面對大環境的改變，台灣需要新的視野，新的思維，以及提出未來的發展方向和願景，以應對台灣所面臨的挑戰，而「第三進化」正是針對這一時代的需要應運而生。

　　面對紛擾的大環境，若是透過文明進化的角度，便可用一種更超然的視角，了解台灣、中國、國際社會的現在與未來，從而理解台灣為什麼能夠從一個貧窮弱小的農業國家，在六十年之間，蛻變成為一個發達國家，擁有今日的民主自由，以及創造令國際羨慕的生活方式，這不僅僅是台灣的福氣，裡面更有台灣的努力，最重要的莫過於台灣選擇了正確的路徑。

　　當前，台灣生存發展的最大變數無疑是中國，雖然兩岸有著許多共同的淵源，卻也因為選擇了不同的進化道路，使得兩

岸「道不同，不相爲謀」。中國的崛起，已經嚴重影響台灣對於文明路徑的選擇與判斷，中共更試圖透過認知戰，引導台灣走向一條錯誤的道路。然而許多台灣民眾的觀念與判斷，目前還跟不上大環境的變化，仍然停留在藍綠的小框框思考，實際上，台灣已經面臨更宏觀的國際格局選擇。儘管各方對於台灣未來的看法是樂觀的，台灣也有著非常多的國際助力，但台灣仍必須做好心理建設和思想準備，通過這次時代考驗，方能邁向新的發展高度。

過去，台灣歷經殖民統治，又長期身處中美兩強的地緣政治角力之中，幾乎從來不曾獨當一面，因此和許多文明國家相比，台灣缺乏了一份自信和篤定，眼光也不夠長遠，當面臨必須勇敢選邊站的時候，台灣顯得猶豫。當前的台灣正在崛起，實力已經突破小國寡民的窠臼，今日的台灣足以和任何先進國家相提並論而不遜色，台灣是時候要「轉大人」了，現在的台灣，可以挺直腰桿，更有自信的做出選擇，走向世界，除了在經濟面已經建立的台灣企業品牌外，更可在文明層面創建台灣的品牌。

接下來，就讓本書的第三進化架構，引領讀者進入一個台灣、兩岸與世界的新維度。

全球篇

WORLDWIDE

第 一 章

人類文明的三大進化

▶ 三大文明進化階段

當我們以文明的角度看當代問題之前，首先必須先談論一個基本的概念，也就是本書提出的三大文明進化階段。

什麼是「文明進化」？簡言之，就是更進步、開放、自由、民主、法治和富裕的生活，脫離野蠻、弱肉強食、高度監控、無序、貧窮的狀態。

在人類漫長的五千年文明演進史中，不斷地追求文明進步，演變至今，形成了不同階段的文明進化梯隊，許多國家發展已進入現代文明，生活富裕，享有民主自由，成為許多落後國家效法的對象。但是有些國家始終停留在古老的文明進化狀態，不斷地重複與累積專制統治經驗。以下依據不同的進化程度，大致可以將人類進化區分為三大進化階段。

三種進化的演進時間序列

BC 30th

第一進化

- 進入農業社會，馴服關鍵物種，脫離原始漁獵生活，進入文明時代。
- 食物生產大增，可以養活更多的人口，人類社會得以從部落社會發展成更大規模的國家。
- 建立封建制度，進入了王權時代，帶來專制統治。

第二進化

AD 16th

- 大航海時代，開啟自由貿易，為商人帶來鉅額財富，成為現代資本主義的起源。

17th
- 光榮革命，樹立馴服王權的範例，並由此建立保護私有財產制度。

18th
- 工業革命帶來生產方式革命，帶來城市化，形成工商社會。

18th
- 工業革命促成企業家和中產階級的大量增加，打破等級制度，階級流動性大增，進一步促成政治改革。

第三進化

19th
- 啟蒙運動，帶來思想覺醒，許多民眾開始具有生命、自由、權利的概念，有了自我的個體意識。

19th
- 美國獨立，第一個現代民主國家成立。

20th
- 現代公民社會概念逐漸形成。

21th
- 民主自由人權普世價值的形成。

當人類脫離原始部落狩獵生活後，從此進入了漫長且進化緩慢的農業和畜牧文明，這是人類文明的「第一進化」時期。直到西元十六世紀前後，西方開啟了「大航海時代」，人類開始進入象徵現代文明的「第二進化」，十八世紀的工業革命使得人類社會生產力大增，創造了空前的財富，人類由「供不應求」進入了「供過於求」的時代。在物質生活逐漸豐裕後，人類在思想和精神文明層面也獲得了重大進展，十七世紀的「啟蒙運動」使得民智大開，鼓勵民眾爭取民主自由，從18世紀開始，愈來愈多民眾陸續開始享有數千年來不曾有過的自由生活，人類社會從此進入了「第三進化」。

▶「第一進化」與農業社會

　　什麼是「第一進化」？當人類由漁獵生活進化到農牧生活後，率先發展出農耕技術和馴養牲畜的人類，得以擺脫原始落後和物資缺乏的窘境，由於食物的生產增加和供應穩定，得以養活更多的人口，人類社會得以實現從未開化到「第一進化」的文明跳躍。

　　農業文明占據了人類歷史90％的時間，根據統計，由漁獵時期進入農耕文明，糧食產量增加了五十倍，得以供養大量的人口，使得人類得以由部落整合成為國家，衍生以官僚為

基礎的統治階級。而第一進化和文明未開化時期最大的不同在於：農業時代的統治者建立了一種以強者為中心的秩序，創造了相對文明的生活方式，不但提升了生產力，也使得人口大幅增加，但絕大多數的人口都是屬於農工階級。

雖然人類脫離了原始生活，但是第一進化文明依然存在著野蠻和掠奪的習性，不脫弱肉強食的叢林法則，因此崇拜強大與勝利。在第一進化時期，衡量一個國家是否強大的指標，來自於武力、土地、自然資源和人口的數量，通常有了土地，就擁有了自然資源，更可透過農牧業養活更多的人口，有了人口，就可以支持生產所需的勞動力，以及發動戰爭所需的軍力，用以掠奪更多的資源，這意味著國家愈大，相對愈富強，這也是為什麼第一進化的國家，始終停留在追求領土和自然資源的迷思當中。

當前世界最具代表性的第一進化國家，非中國和俄羅斯莫屬。俄羅斯自恃強大，對侵占鄰國土地有著強烈的癡迷，長期以來，不斷欺凌與占領周邊弱小國家的領土。俄羅斯總統普京曾說：「俄羅斯的國界沒有終點！」一語道破第一進化國家所追求的最重要核心利益──土地。另外，二十一世紀初重新崛起的中國，同樣有著對土地的執著和恃強凌弱的特質，令周邊國家備感威脅。

處於第一進化的國家最重要的政治特質就是「集權」，權力除了攸關利益分配外，更可確保統治階級的安全與政權穩

定，因此統治階級無不希望掌握更多的權力，導致其權力鬥爭甚為殘酷，因此第一進化國家都有著走向專制獨裁的慣性。而一旦走向極權，就會出現領導人終身制，鼓吹民族主義，加強控制輿論，以高壓和暴力治國，使得人民生活在恐懼之中，包括中、俄、北韓、伊朗都是箇中典型。此外，由於資源和利益普遍被權貴階級所壟斷，而權貴階級的地位可以不斷的世襲傳承，形成等級制度，在這種封建社會下，階級缺少自由流動的機會。

▶「第二進化」與工商社會

歐洲開啟了「大航海時代」後，進入了人類文明進化的新維度，催生了資本主義，人類進入一個農業社會不曾進入的文明新領域。此一階段，人類逐漸脫離了「第一進化」以土地為核心的農業經濟，進入了「第二進化」以貿易和商品製造為核心的工商經濟。

促成第二進化有以下幾個具有代表性的里程碑：

(一) 從大憲章到光榮革命

13世紀英國貴族和商人攜手，實現了對於王權的初步馴化，迫使約翰王頒布「大憲章」，成為王權受法律約束與議會

制度的濫觴。17世紀英國發生「光榮革命」，在這一場不流血的革命中，英國擺脫政權更迭必須透過暴力革命的歷史輪迴，讓專制王權得以和平過渡，奠定了英國的君主立憲體制，爲現代民主體制奠定基礎；另一方面，則是開啟了兩項重要發展，分別是確立了權力不得凌駕於法律，以及建立保護私有財產的制度，這兩項發展對於第二進化，乃至後來的第三進化都具有劃時代的貢獻。

(二) 確保私有財產

光榮革命時代的歐洲大陸，各國皇室壟斷了大西洋貿易，爲了進行爭霸戰爭，不斷地剝削商人財富；至於俄羅斯以及東歐國家，當時仍然停留在由貴族所壟斷的農業經濟。反之，英國則在光榮革命後，在文明進化的進程上一馬當先，率先建立了保障私有財產的法律，造就了一批富可敵國的商人，國王非但不能剝削他們，甚至爲了應付戰爭的龐大開支，必須放下身段向這些資本家借錢。隨著工商經濟的發展，導致王權進一步弱化，也改變了農業經濟以來由貴族所壟斷的權力結構。

(三) 工業革命

現代文明發展的動力，在於開啟遠遠超過農業經濟的巨大生產力，以及帶來科技的躍進。十八世紀的工業革命，使得人類的生產力較諸農業經濟提升十倍乃至百倍，人類短時間所創

造的財富，比農業時代累積的總和還要多。工業革命為人類社會帶來了經濟、科技、貿易制度、人文等全方位的劇變，同時也帶動了各種發明創造；而有了財富之後，人類得以進行更多領域的探索，由此展開文明進化的飛躍。

資本主義的興起，讓人類社會從第一進化的封建制度和農業經濟當中解放出來，而財富的增加讓人們變得更為自由，德國哲學家西美爾（Georg Simmel）在其《貨幣哲學》書中提及，人類歷史上的資本主義發展和貨幣氾濫有著密不可分的關係，貨幣讓人變得更為自由，換言之，資本主義成了自由主義發展的重要推手。

隨著工業化和科技發展，加上透過自由貿易可輕易獲取所需的生產原料和自然資源，使得生產的成本更低，更有效率，產量更大，不再需要費力地透過占領土地達到目的，因此發達國家[1]逐漸地降低了對土地和農業的依賴，也使得農業經濟的重要性愈來愈低，在人類歷史上，這是一次前所未有的文明維度跳躍。

工業革命後，機器取代了大量的人力，從事農業生產再也不需要那麼多勞力，反倒是工業化後，新興的工廠接收了這些多出來的勞力，於是大量人口由農村湧向城市，造就現代都市的興起，導致社會型態出現結構性的轉變，原有的農業社會結構被打破，形成了現代的工商社會。

隨著經濟的發展與繁榮，誕生了一批第一進化從來不曾

有過的階級，那就是資本家和大量的中產階級，其中新興的資本家甚至比擁有土地的貴族更富有，更具政治影響力，這麼一來，一舉打破了第一進化的等級社會，實現了階級流動，整個社會創造財富的動力驟增，人民可以透過個人的努力和天賦，通過市場經濟交換所需的資源，得到更多的自由與發展，不需再被統治者的資源分配所綁架，使得人民大幅降低對統治者的依賴，從而提供了思想、創意和科技發明的土壤。

在第一進化階段，民眾的財富很容易受到權貴和政府的掠奪，進入第二進化後，由於實現對於權力的馴服，同時建立了明確的法律規範，確保私有財產不受侵犯，到了西元十八世紀以後，「私有財產神聖不可侵犯」已經成為文明的基本指標。第二進化還有另一項建築在法律基礎上的重要發展，那就是——契約精神！當時許多國家在貿易上獲得豐厚的利益後，為了維繫貿易市場良好運行，貿易雙方必須共同遵守契約，以保障各方的利益和財富，因此進入市場經濟時代，也意味著必須建立配套的法治社會，才能落實契約精神，取得互信，這已成為建立現代文明社會的基礎條件。

▶「第三進化」與公民社會

和前兩種進化相比，有別於第一和第二進化屬於物質文明

的領域，第三進化則是於一種精神文明維度的領域，它必須建立在第二進化物質富裕的基礎上，以及其它的配合條件，諸如對於權力的馴化與保護私有財產，以及擁有一定程度的自由，方才得以跳躍進入第三進化。而第三進化和前兩種進化有著截然不同的內涵，比如自由，雖然第二進化帶來了某種程度的自由，但是依然受到了專制王權和資本家的壓迫，存在著諸多剝削和階級不平等的情形，但是進入第三進化後，人們得到更充分的自由以及平等的權利。

第三進化的出現，除了源於第二進化所帶來的政治結構改變，促成了有利的發展環境，接踵而至的「啟蒙運動」，進一步解放了人們封閉的思想，啟迪人們脫離思想與心靈控制，這是一場大規模的思想覺醒運動，使得人們對於思想、知識和言論有了全新的認知。

德意志哲學家康德認為，啟蒙運動將人類意識從不成熟的無知和錯誤狀態中解放出來。幾乎在相當短的時間內，啟蒙運動的各種新思想有如雨後春筍般地誕生，出現了許多啟發後世的經典思想，成了人類社會進入第三進化的基石，包括了：伏爾泰提倡捍衛公民自由，洛克提倡的「天賦人權」，盧梭的「主權在民」，孟德斯鳩主張的「三權分立」等。

也正由於這些學說和思想，民眾進入了前所未有的思想領域，開始有了強烈的個體意識，有了自己做主的想法，人們開始脫離過去威權體制的思想操控，歐美國家的人民開始勇於挑

戰權威，爭取更多的自由與民主，在思想、言論、意志和政治體制上，逐步地擺脫了威權控制，促成了後來美國獨立戰爭和法國大革命的發生，最終將威權時代送入歷史，催生了更文明的政治體制，包括了：民主政治、議會政治、獨立公正的司法制度等，人類社會的精神文明跳躍進入全新的維度。

經過數百年的演化與實踐，西方國家將其精神文明進化逐漸簡化為民主、自由、人權、司法獨立等價值，如果說第二進化的資本跨越了國界，那麼第三進化的民主、自由、人權等價值，也跟著跨越了國家和種族界線，成為當代的普世價值，這些價值之所以具有普世性，在於其實踐的過程中，形成了完整且層次豐富的系統，提供一條進入第三進化確實可行的路徑，這一路徑沒有國家或種族的區別，同樣的適用於其它地區的國家。

相對於第一進化的農業社會與第二進化的工商社會，第三進化可說是一種「公民社會」、「民主自由社會」。人類社會進入第三進化後，加入了公民的影響力，進一步馴服了權力，所謂的「公民社會」（Civil Society）在古典公民社會理論中，等同於「文明社會」，而公民社會獨立於政治的控制之外，有效地監督政府，促進自由與人權，包括推動隱私權等基本權利，對不同公共議題發揮影響力等，因此公民社會本身就是民主自由社會的象徵，亦有助於民主自由的深化與發展。

▶ 三種進化的綜合特質比較

綜合前述的三種進化，大致可將其特質與屬性歸納如下：

三種進化階段的比較

	第一進化	第二進化	第三進化
社會特質	農業社會	工商社會	公民社會、民主社會
追求目標	崇尚武力 讓自己看 起來更強大	拚經濟 讓自己變得富有	拚文明 讓自己更進步
人民生活水平	勉強維持溫飽 生活貧窮	生產力大增 生活改善	豐衣足食 注重生活品質與精神生活
階級流動性	實施等級制度，階級固化，缺乏流動性	新興階級出現，打破等級制度，階級流動性大增	階級充分自由流動，人與人的關係和權利更加平等
政治體制	崇拜權力，走向專制獨裁，權力集中於統治階級	出現中產階級與企業家，統治階級權力弱化	走向自由民主，權力分散，相互制衡
核心國力的主要內涵	武力、領土、人口、自然資源	生產力，高科技創新與發明	制度優勢、核心價值、人文品質
國家發展水平	發展落後國家	開發中國家	已開發國家
達到政治目的方式	以力服人，讓人害怕	以經濟利益吸引人	以文明得到認同

▶ 現代文明與個體主義

基本上，第一進化屬於人類文明進化的初級階段，具有濃厚的集體主義[2]傾向。當人類社會邁向第二和第三進化後，才算是正式的跨入現代文明，而兩者都具有一個共同的特質，那就是個體主義[3]。這也是為什麼當前強調集體主義的國家，大多歸類於第一進化國家，其文明程度相對落後，至於個體主義國家則相對富裕與文明。

不分國籍、種族、地區、信仰的普世價值，可謂是現代文明的基石，但民主、自由、人權都具有強烈的個體主義傾向，無一不是具備個體意識才能實現，集體主義是不可能實現這些價值的。

人類社會從擺脫神權控制，馴服王權，到啟蒙運動，無一不是個體爭取自由與權利的展現，而大航海時代促進了自由貿易，本身就具有著濃厚的個體主義冒險特質，而市場經濟的發展與繁榮，更必須依賴個體主義所帶來的創新精神，至於私有財產制、社會多元化、政治民主化，都是個體主義精神的體現。

現代文明進化過程，可說是個體不斷掙脫集體主義控制的演進史，越是走向個體主義，越是強調自由與平等，反對威權和去中心化，打破階級固化的等級制度，注重個體的權利，而愈多個體覺醒，愈能脫離集體主義的管控，走向民主自由。反

之，文明越落後，則越堅持集體主義的威權體制，強調等級社會，盡一切可能阻止朝向個體主義的發展。

註釋說明：

1 發達國家，或者稱之為「已開發國家」，通常指的是工業化國家、高所得國家、經濟較發達的國家、先進國家，以上是和其它工業化程度較低的國家的相對比較，發達國家具有較高的生活水準、擁有發達的經濟、先進的技術和基礎設施等。

2 集體主義（collectivism），根據維基百科解釋，集體主義主張個人從屬於社會，個人權利受到集體權利的限制，個人利益應當服從集團、民族、階級和國家利益的一種思想理論。在極權主義的國家集團裡面，這種意識會被用於對精神領袖或政黨的絕對忠誠，在集體當中不屬於核心的個體也因此喪失了與集體核心相等的權利。因此，不少觀點認為，集體主義具有獨裁政權的性質。

3 個體主義（individualism），根據維基百科解釋，個體主義強調個人內在價值的道德立場、政治哲學、意識型態和社會價值觀。個體主義提倡個人目標和理想的實現，重視個人思想與行動的獨立和自力更生，主張個人利益優先於國家或社會群體，反對社會或政府等機構對個人利益的外部性干涉。個體主義的定義通常與極權主義、集體主義形成對比。

第 二 章

「第一進化」 vs
「第三進化」

　　知名政治學者杭亭頓（Samuel Phillips Huntington），在其著名的《文明衝突論》提到：「未來的國際衝突將會是文明衝突！」當今世界已經開啟一種全新的兩大集團對抗，一方以中國和俄羅斯爲核心，其它還包含了北韓和伊朗，以及部分亞洲、非洲、拉美、中東國家；另一個集團則是以G7（七大工業國組織）爲核心，包括許多文明國家參與其中。兩個集團已不僅僅只是爲了爭奪霸權這麼簡單，兩者在意識型態上存在著難以調和的差異，雙方壁壘分明，形成兩種不同文明價值之爭，誠如美國總統拜登所說：「我們正在經歷一場專制國家和民主國家之間展開的全球鬥爭！」

　　更精確的說，這是一場兩種不同文明進化階段的鬥爭，兩個陣營各自有自己鮮明的文明特徵，一者強調普世價值，一者輕視普世價值，形成一場「第一進化 vs 第三進化」的文明之

爭，引爆了兩個陣營全方位的對抗。

▶ 人類三大對抗的文明意義

從二十世紀至今，人類社會一共爆發了四次全球性的大規模對抗，除了第一次世界大戰之外，其餘三次都可說是現代文明之戰，都和「第一進化 vs 第三進化」有著直接的關係，分別有其重大的文明進化意義，其內涵如以下圖表。

三次現代文明之戰的進化意義

版本	現代文明之戰 1.0	現代文明之戰 2.0	現代文明之戰 3.0
戰爭型態	二次世界大戰	冷戰	隱形的第三次世界大戰
對抗性質	侵略 vs 反侵略	民主自由 vs 共產專制	第一進化 vs 第三進化
對抗核心	反法西斯侵略之爭	「民主自由 vs 共產獨裁」的意識型態與制度鬥爭	全方位的對抗，包含世界秩序、體制、文明價值之爭等。

（一）第二次世界大戰

第一次世界大戰結束甫二十年後，人類社會就爆發了第

二次世界大戰，再度形成兩大軍事集團的對抗，分別是由美、英、法、俄等國組成的「同盟國」，對抗由德、日、義三國所組成的「軸心國」。

1930年代，當時全世界面臨嚴重的經濟危機，不同於美國實施「新政」化解危機，德國和日本則是採取擴張侵略，大力鼓吹民族主義，當時德國強調要恢復德意志帝國的榮耀，日本則是鼓吹建立「大東亞共榮圈」的新秩序，兩國分別鼓吹日耳曼民族和大和民族的種族優越論，最終德、日、義三國結盟，發動侵略並引發二戰。當時許多國家由於擔心遭到軸心國侵略，紛紛加入同盟國。二戰不但參戰和死傷規模超越了一戰，所有的大國都無一倖免地參加了這次戰爭，參戰大國幾乎將所有的家當都用於戰爭上，包括經濟、工業、科技實力都發揮到了極致。

在這場「侵略vs反侵略」的戰爭中，已經有了「第一進化vs第三進化」的雛型，可說是「現代文明之戰」的1.0版，包括美英法等民主國家對抗法西斯獨裁國家，其中美國成了反法西斯陣營的中流砥柱。二戰雖然帶來慘烈的破壞，卻也是現代文明進化的重要推手，特別是三個軸心國在戰後，或者分裂，或者單獨監管，如今都已轉型成為第三進化的文明國家。此外，幾個龐大的殖民帝國如英國和法國，戰後由於綜合國力下降，其在世界各地的殖民地紛紛宣告獨立，推動了世界的「第二波民主化」。為了避免再次爆發大規模的戰爭，以及運

用集體的力量消除和平威脅，二戰後促成了聯合國的成立，建構了以美國爲主導的世界秩序，維持超過七十年的相對和平時期，同時締造了全球化和空前的經濟繁榮。

（二）冷戰

二戰結束後，隨著蘇聯崛起，國際社會再度形成兩大陣營：分別是以美國爲首，以民主自由爲核心價值的西方國家陣營；另一個則是以蘇聯爲中心，推展專制獨裁的共產主義陣營，由於美蘇都擁有大量核武器，在忌憚相互毀滅的前提下，兩大陣營在這一次對抗中並未爆發大規模熱戰，雙方持續了半個世紀的高張力對抗，進行大量非正面的衝突，如進行代理人戰爭、間諜戰等，直到1991年蘇聯解體才告結束。

冷戰可說是「現代文明之戰」的2.0版。冷戰後期，兩個陣營的綜合國力逐漸拉開差距，冷戰結束後，民主制度和市場經濟，最終戰勝了共產主義和計畫經濟，自由、民主、人權成爲普世價值，而美國的綜合國力在蘇聯解體後大幅提升，成爲人類有歷史以來最具支配力的超級大國。美國政治學者福山（Francis Fukuyama）在冷戰即將結束前提出「歷史終結論」，在當時的時空背景下，他認爲「自由民主」將成爲人類政府的最終形式，爲冷戰的結束下了一個有力的結論。

(三)「第一進化vs第三進化」

二次世界大戰結束後，中俄兩個大國皆是戰勝國，弔詭的是，中俄在許多方面和二戰時期的軸心國愈來愈像，不論是專制獨裁、鼓吹民族主義、大規模擴軍、採取對外擴張路線等，使得國際社會繼冷戰之後，再度陷入兩大陣營的對抗，其中一方以中國、俄羅斯等「第一進化」國家為主；另一陣營則以G7西方國家[4]為核心，許多「第三進化」文明國家[5]紛紛加入。而其最大的特色就是兩種不同文明進化階段的國家，各自形成涇渭分明的陣營，這次對抗可說是「現代文明之戰」的3.0版本。

和前幾次大規模衝突不同的是，這是人類歷史上第一次大規模的文明與價值理念之戰，可以說，人類歷經百年以來大規模戰爭的磨練和進化，終於迎來這一場「現代文明」和「守舊文明」的終局之爭，雙方所爭奪的是人類的未來，這一場文明之戰的勝負，將決定人類社會文明走向倒退，或者跳躍到新的文明高度，如果說冷戰使得「自由民主」成為人類政府最終的可能形式，那麼這次文明之戰，將會確定「第三進化」是否成為當代人類社會的文明最終形式。

▶ 隱形的第三次世界大戰

然而，文明國家之間也存在著矛盾和衝突，但一般都是屬

於經濟貿易層面，例如川普執政時期，美國曾對歐盟發動貿易戰，但在價值觀上，雙方的立場是一致的，即便是經濟面存在著爭議，但大多屬於局部矛盾，一般都能透過談判化解，不至於發展到劍拔弩張或魚死網破的程度。但是文明國家和專制國家的矛盾則是結構性的，一旦發生衝突，就可能演變為軍事、經濟、主權和地緣政治的全面衝突，當前「第一進化 vs 第三進化」便已經發展到全面對抗的層次。

長期以來，文明國家希望透過和平演變的方式，促使第一進化國家上升到更高的文明維度，那麼彼此的對抗關係就會趨於緩和，結構性矛盾也可望化解；但是對於第一進化國家來說，現代文明本來就是專制統治的最大敵人，如果接受和平演變，其政權結構可能面臨崩潰。事實上，第一進化國家非但不願接受和平演變，反而掉過頭來挑戰世界秩序；另外，兩個進化集團之間有如平行世界，卻又處在同一個空間，加上彼此結構性的矛盾難以妥協，這一場文明進化的終極對決也就不可避免，而兩個陣營也終於走到了攤牌的時候！

在中美貿易戰拉開序幕後，原本國際以為這只不過是中美之間的小打小鬧，不致擴大升級，但隨後的發展卻跌破大家的眼鏡，雙方衝突愈演愈烈，愈來愈全面，從經貿與科技全面脫鉤，進一步形成兩大集團的對抗，在2020年，甚至爆發了疑似生化戰爭的新冠疫情，2022年，更爆發了俄烏戰爭以及台海危機，第一進化集團的兩大主角俄羅斯和中國也正式合流，這

場文明之戰正式檯面化，兩個陣營爆發大規模衝突的可能性日益升高。

　　某種程度來說，這次對抗已經接近第三次世界大戰的性質。和前幾次大規模對抗不同的是，表面上看起來，它的熱戰規模遠不如前面兩次世界大戰，其緊張程度也不如冷戰，包含了科技戰、經貿戰、顏色革命，甚至是生化戰等，一般民眾不太容易感受到其中的巨大變化和起伏，因此很難和第三次世界大戰產生聯想，但是兩大陣營對抗背後所產生的巨大衝擊和影響，隱形動員的國家數目，堅壁清野的程度，以及雙方所做的戰爭準備等，隱然是一場世界大戰的規格。

▶ 第一進化集團 vs 第三進化集團

　　低維度國家的結盟，主要基於短期的共同利益，暫時放下長期矛盾；高維度國家的結盟則基於共同的信念，必要時可以放下短期矛盾和私利。中俄兩國的結盟屬於前者，兩國之間長期以來存在著領土糾紛和歷史恩怨，彼此互不信任，相互提防，然而雙方卻在2022年初發表聯合聲明，聲稱彼此的夥伴關係「沒有止境」，而兩者合作的主要目的，為的就是挑戰現行的世界秩序，但這不代表兩者能夠帶來更進步的世界秩序，反而帶來的可能是落後的叢林法則。

中俄本質上都處於第一進化階段，是當前全球兩個最大的極權國家，由於進化維度相近，兩國具有諸多共同的文明特質，都面臨來自文明世界要求改革的壓力，在文明國家眼中，歐洲急需民主化的國家當屬俄羅斯，亞洲則是中國，這使得中俄彼此都有唇亡齒寒的危機感，促使中俄兩國最終走到一起，共同捍衛兩國的威權統治，兩國從原本「結伴不結盟」到形同結盟，成了「第一進化集團」的核心國家，對國際社會產生巨大的衝擊。

　　相對於中俄結盟，第三進化的文明國家也展開空前的集結，形成了「第三進化集團」，除了美國和其北約盟友本來就有軍事防衛協定，許多不屬於北約的國家，在感受來自中俄的安全威脅後，特別是俄烏戰爭有如一場震撼教育，讓國際社會切身感受到中俄的軍事威脅，因而紛紛加入第三進化集團，尋求集體力量的保護。在俄烏戰爭後，以美國在德國召開的防衛會議為例，初期共有超過40個國家參加，這些國家的GDP占了全世界60％，如果扣除中俄兩國的GDP，幾乎全世界具有影響力的國家都加入了第三進化集團。

　　隨著中國在亞洲的威脅迅速升高，北約將其關注的視野進一步擴大到了全球，邀請日韓等實力國家參與北約合作，更派遣軍機和軍艦進入印太地區。亞洲地區為了防範中國威脅，更強化多個安全架構，包括五眼聯盟、美英澳同盟、四方會談等，英國和日本甚至簽訂了「相互准入協定」，允許雙方在對

方領土派兵駐防。而以上的動員和結盟，在安全、經濟和價值觀上，深化了東西方第三進化國家的合作，進一步鞏固了集團間彼此的互信。

至於第三進化集團的核心——美國，何以能號召這麼多文明國家加入？在於這場文明之戰並非只是為了美國的自身利益與霸權，更有著維護現代文明體系的考量，這也是美國做為超級大國所獨具的全球性視野。因此儘管美國國力強大，卻不願流於單打獨鬥，而是透過盟國參加多邊行動，讓其它文明國家了解中俄的第一進化本質，以及對世界秩序的嚴重威脅，進而促成更多文明國家挺身而出，達成維護現有秩序的共識，共同

「第一進化」和「第三進化」兩大集團的比較

	第一進化集團	第三進化集團
政治體制	威權體制	民主自由體制
核心國家	中國和俄羅斯	G7西方國家
集團目的	挑戰與推翻現有世界秩序，建立等級化的威權秩序	維護二戰以來以規則為基礎的世界秩序
站隊國家	北韓、敘利亞，委內瑞拉、古巴及部分亞、非、拉美落後國家	發達國家，民主自由國家，多數開發中國家
站隊國家選擇取向	基於維繫威權統治，或為獲得中，俄所提供的經濟與政治利益	維護國家安全，以及現有制度和生活方式不被專制國家改變

對抗來自中俄的挑戰，因此這場文明之爭，也可說是「推翻現有秩序」和「維護現有秩序」的戰爭。

▶ 全球選邊站

當「第一進化vs第三進化」的文明對抗形成後，啟動了一場「民主vs極權」，「文明vs野蠻」的終極對決，這場對決少有國家能夠置身事外，大多數國家都必須在價值觀、產業供應鏈、高科技以及安全體系當中選邊站，特別是具有關鍵地位的重要國家如韓國、日本、台灣等，兼具安全、經濟與科技的重要地位，必須做出明確選擇，沒有模糊和搖擺空間。例如在高階半導體領域，美國對中國祭出全面封鎖，任何用到美國技術的半導體廠商，都必須和中國劃清界線，否則就被列入制裁清單，拜登明白表示：「美國只會跟價值觀相同的親密夥伴合作」！

許多歐洲國家原本和中俄之間有著千絲萬縷的經濟利益交織，例如對於俄羅斯能源的依賴，它們多半在中國市場有著龐大的經濟利益，為此甚至與美國發生齟齬，但是當美國標舉共同文明價值的大旗時，多數國家仍然優先選擇價值觀，甚至原本長期保持中立的國家，如芬蘭、瑞典、瑞士等，也都在俄烏戰爭後放棄中立，加入第三進化陣營。此外，中國雖然是德國最大貿易夥伴和市場獲利來源，但德國明確表示：「不會讓自

由主義價值輕易被收買」！

　　原本在蘇聯時期屬於華沙公約的東歐國家，以及脫離蘇聯控制的加盟共和國，在蘇聯解體後，陸續加入北約和歐盟，為的就是追求更文明和更安全的生活。這些國家再也不想回到過去，再也不會站在俄羅斯這一邊，甚至在俄烏戰爭爆發後，紛紛強力表態支持烏克蘭，無懼俄羅斯的恐嚇威脅，不但出錢、出人、出力，甚至大量接收來自烏克蘭的難民。反之，站在俄羅斯這邊的國家愈來愈少，幾乎清一色是第一進化國家，沒有一個民主自由的歐洲國家願意再投入俄羅斯陣營。

　　「物以類聚，人以群分」，這句話點出聚在一起的事物有著同樣的性質，集合在一起的人也有著相近的氣息。以上這句話亦可適用於現在全球所形成的兩大集團，選擇加入中俄陣營，或者與之關係密切的國家，往往是專制、獨裁、落後、貧窮，更注重短期的現實利益，諸如北韓、伊朗、白俄羅斯、敘利亞、委內瑞拉與非洲貧窮國家，而為首的中俄經常運用經濟利益甚至大撒幣，維繫和這些國家的關係；反之，加入第三進化陣營的國家，則是基於民主、自由、文明、富裕等共同的價值理念。

　　這一場不同文明進化體系的終極選擇，小至個人，大至國家，都面臨著在其中如何選擇的考驗，這種選邊站不是「五十步或百步」的選擇，而是「進步或倒退」、「民主或專制」、「文明或野蠻」的選擇，以上看似在兩個陣營當中選邊站，實際則

是基於自身所處的文明維度，以及基於對未來期許的願景所做出的選擇。

註釋說明：

4　二戰之前，西方國家在文明進化程度以及生活水平上，都遠遠地超越其它國家，因此「西方國家」也代表著先進文明，成了文明國家的代名詞，當時的文明國家也等於西方國家。

5　二戰之後，隨著世界各地發生「第二波民主化」和「第三波民主化」，愈來愈多的國家走向民主，也愈來愈多的國家走向「全球化」，繼西方國家之後成為文明國家，如日本、韓國、台灣等，此外，許多國家採取西方國家的文明進化路徑，或正在走向現代文明國家的道路上，因此「文明國家」的意涵，比「西方國家」涵蓋範圍更大，如今西方國家已成為老牌的文明國家，成為現代文明國家體系的核心。

第 三 章

全球文明的終局之戰

當「第一進化 vs 第三進化」的文明之戰開啟後，全世界都受到此一史詩級的震盪波及，由於文明國家擁有包括制度、軍事、經濟以及高科技的優勢，使得對抗結果漸趨明朗，如今俄羅斯瀕臨失敗甚至解體的命運，中國的經濟迅速凋敝，面臨崩潰邊緣，而其它選邊支持中俄的第一進化國家，也都面臨極大的政治與文明變革壓力。

▶ 帝國的宿命

所有專制獨裁政權都有著近似的文明本質，舉凡希特勒企圖打造可以維持千年的「第三帝國」，中國和俄羅斯也有著類似的帝國夢。希特勒曾喊出「一個民族，一個帝國，一個元首」的口號，而習近平所提出的「一個國家，一個政黨，一個

領袖」，有如前者的復刻版。納粹視併吞奧地利爲建立大德意志帝國的第一步，俄羅斯則視征服烏克蘭爲建立大俄羅斯帝國的必經之路，中國則將統一台灣視爲民族復興的里程碑，這些專制政權雖然歷史文化背景不同，但文明本質卻高度雷同。

這種第一進化的帝國思維，只要其國力達到具有擴張能力的水平；或者當經濟發展面臨飽和，低效率的政府無法維持龐大的體制運作成本，這時就會走向帝國的宿命，透過對外擴張解決問題。俄羅斯近年來不斷出兵鄰國，每一次的成功征服，都能墊高領袖威望，擴張帝國版圖，以轉移每下愈況的經濟問題；北京則不斷挑起主權爭議，透過台灣海峽和南海「內海化」的操作，掩飾人口紅利不再，以及世界工廠地位岌岌可危的經濟困境，中俄兩國的擴張軌跡如出一轍。

這些仍然具有古老帝國思維的大國，都曾面臨更上一層樓的轉型契機，前提是必須放棄落後的帝國思維，接受現代文明，但很遺憾的，這些大國的統治階級始終不願放棄專制，因此並未出現文明世界所期待的和平演變，反而在明知文明維度不如西方國家的情況下，挑戰現有的世界秩序。

▶ 第一進化集團，人類文明的最大威脅

美國眾議院外交事務委員會曾指出：「近十年來，從政

治、經濟到文化，中俄正向美國在內的民主國家發起猛攻。」而《大西洋》月刊曾經刊文，中國有個崛起的陰謀，這個陰謀就是要挑戰與取代美國霸權，塑造新的世界秩序，推動一個新的等級化威權秩序，所以中國是對全球文明國家的威脅。美國國務院更表示：「俄羅斯與中國想要一種不同的世界秩序，但這是一個極度不自由的秩序……這個秩序在許多方面都具有破壞性。」長期以來，在許多文明國家眼中，中俄始終都是國際秩序的嚴重威脅，這種疑慮在中俄結合後得到更進一步地確認。

　　中俄原本各自被視為歐亞的地區性威脅，隨著2022年初雙方合流，已然升級為全球性威脅，這就像二戰前的德國與日本，原本被視為地區性威脅，但是當兩者結合成為軸心國之後，不但成為全球性威脅，最終更引爆了二戰。弔詭的是，中俄兩國是二戰的戰勝國，如今卻取代當時德國和日本的角色，成了當前世界和平與秩序的破壞者，如果文明國家不果斷應對，非但二戰之後建立的世界秩序將蕩然無存，人類文明更將面臨空前的災難。

　　目前的世界秩序是二戰之後，以美國為首的西方國家所建立，這一套秩序或許存在瑕疵，卻維持了尚稱公平的遊戲規則，為世界帶來繁榮與和平，甚至中國就是這套秩序下的最大受益者。以中俄這類第一進化政權而言，在其能力不足時就韜光養晦，一旦具備足夠能力後，就想著挑戰世界秩序和征服世

界，如果中俄不能脫離第一進化，對全世界將永遠是一個不定時的核彈，一旦中俄稱霸世界，無疑地將會把世界拉回第一進化，這將是人類文明的浩劫。

一場俄烏戰爭，打出俄羅斯的野蠻本質，不單暴露第一進化國家的侵略本性，也打出了與世界所存在的巨大文明落差，例如入侵烏克蘭的俄羅斯不時傳出屠殺平民的野蠻行徑，以火砲無差別攻擊烏克蘭城市，造成了大規模的破壞和平民死亡，甚至在戰事失利時，三番五次地祭出核攻擊恫嚇全世界。俄羅斯在這場戰爭中的行徑，比十八世紀又進步了多少呢？一樣地對平民燒殺擄掠，這是二十一世紀所有文明國家不會坐視與容忍的。

一位德國情報官員對中俄的文明威脅下了以下的註腳：「俄羅斯是眼下的風暴，而中國則是長期的氣候變化，我們必須爲未來幾年的氣候變化做好準備。」

美國2022年公布的國家安全戰略也做出了同樣的判斷，視中國爲美國最大的戰略對手，在這份報告中，俄羅斯的威脅排在中國之後，除了兩國綜合國力的差距外，更重要的是，中國是目前唯一有意圖，也越來越有能力重塑國際秩序的競爭者，更是唯一有能力在各種領域挑戰美國的對手，中國已經取代俄羅斯成爲全球最大威脅。

▶ 催生全球新秩序

　　每一次全球兩大集團對抗的勝負確定後，都會催生新的世界秩序。由於這次兩大集團文明之爭的矛盾是不可調和的，將持續對抗到其中一方勝出為止，這是繼二戰和冷戰之後最重要的規則改寫。文明國家強烈意識到，當第一進化國家手握高科技與具有毀滅性武器的危險性；以及利用全球化和民主社會的開放特性，大舉滲透與帶來破壞性。而二戰以來所建構的世界秩序，顯然已經無法應付這一情勢，若文明國家取得這次對抗的優勢後，為了避免文明世界再次遭遇類似的破壞，必然催生更進步的世界新秩序。

　　正如二次世界大戰結束前所召開的幾次重要會議，如德黑蘭會議和雅爾達密約等，決定了二戰之後的新秩序，以及形塑未來數十年的地緣政治新格局。同樣地，雖然這次文明之戰尚未結束，俄烏戰爭仍在進行，但隨著優勢與勝負逐漸明朗，相關的新秩序正在形成，其中不論G7所召開的峰會，或者是北約的峰會，其重要決議正在形塑新的世界秩序，以及重塑往後國際社會的百年格局。

　　不論就文明維度、高科技、經濟實力、乃至於軍事力量，文明國家都遠遠超過中俄的總和，只要文明國家能夠團結一致，這一場文明之戰的結果顯而易見，嚴格來說，兩個集團的綜合實力並不在同一個量級。二十世紀以來的大規模對抗，

都以文明維度較高的一方獲勝告終。事實上，經過這一場文明之戰，俄羅斯已經快速地淪落為二流國家，失去昔日的大國地位，至於中國，在高科技遭到封鎖，經濟供應鏈脫鉤後，其經濟面臨一籌莫展的困境，綜合國力也開始下滑。

未來建構國際新秩序時，有一個前提是可以確定的：新秩序必須基於第三進化的文明高度，以及共同的價值觀而建立，以反映二戰以來人類社會所取得的文明進步，在這個新秩序當中，將排除類似中俄這類第一進化國家，排除過去不分體制或文明維度，一律都可以參加文明國家所建立的秩序體系，避免類似中國這樣的國家利用全球化崛起後，回過頭來挑戰與破壞世界秩序的情況重演。事實上，這一新秩序的建構正在進行中，中俄已經快速地被排出各種由文明國家所主導的體系。

▶ 聯合國 2.0

二戰後成立的聯合國，其主旨在追求人類社會的和平與福祉，致力普世價值的實現，這也是國際社會從叢林法則走向文明法則的轉折點。中俄是二戰的兩大戰勝國，並且是五個聯合國常任理事國之一，然而中俄卻利用其特殊的地位與權力，歷年來許多聯合國安理會提案，屢屢遭到具有否決權的中俄兩國阻擋，導致聯合國功能不彰，光是 2022 年安理會就俄烏戰爭

召集了數十次會議，其中只要有關制裁與譴責俄羅斯的行動，都被具有否決權的俄羅斯否決，烏克蘭總統澤倫斯基在聯合國的視訊演講中，就曾嚴詞抨擊安理會毫無作為。

除了安理會，聯合國各個理事會和組織都受到中俄大規模的滲透，許多非洲和南美國家被其收買淪為投票部隊，以致多數委員會失去應有功能，不論是人權理事會、WTO和WHO等。由於兩國的文明進化明顯落後於國際社會，卻擁有了不對稱的影響力和決策權，以致屢屢扭曲投票結果，對於中俄利用聯合國舞台，扮演攪局的角色，阻礙國際社會的正常運作，文明國家咸感氣憤，例如在新冠疫情肆虐初期，世界衛生組織明顯偏袒中國，做出有利中國的裁決，導致疫情的擴大與蔓延，就是一個活生生的實例。

面對聯合國安理會一票否決制的先天設計缺陷，導致聯合國運作幾近癱瘓，難以符合當今國際社會需要，加上中俄聯手許多落後小國，搞得聯合國烏煙瘴氣，許多文明國家開始正視聯合國的弊病，澤倫斯基說，俄羅斯屠殺烏克蘭手無寸鐵的平民，其本質和伊斯蘭國的屠殺無異，唯一的不同點在於前者是常任理事國，使得聯合國無法做出制裁決定，他指出聯合國必須做出一票否決權的改革，否則聯合國憲章已淪為一紙空文。

聯合國已經開始檢討，未來安理會是否納入更多文明國家，以及排除俄羅斯這種侵略人國，以打造新的聯合國2.0。事實上，新秩序重組已經開始，除了聯合國之外，文明國家另

外建構更多與聯合國平行的國際多邊組織，以稀釋和取代聯合國的功能，例如走向全球化的北約，印太經濟框架（IPEF），跨太平洋夥伴全面進步協定(CPTPP)，或者是有一百多個國家參與的民主峰會，以及G7等，以上這些機制都是基於相同價值觀，以遵守規則為基礎，成為聯合國2.0之外另闢蹊徑的選擇，而中俄不約而同的都被排除在新的國際體系之外，兩者的大國地位也逐漸邊緣化。

其中值得一提的是G7正在新的國際秩序中，扮演愈來愈重要的核心地位，G7有如聯合國2.0的安理會，不單走出侷限於西方國家成員的限制，更繞開了聯合國安理會，如今G7已經成為維持文明世界運作的最重要組織，G7成員國不但都是第三進化的民主國家，同時也是全世界GDP排名前8的國家，其經濟、軍事和政治實力，都遠遠地超越了其它國家，如今愈來愈多的全球事務推動，已經不再透過聯合國安理會，而是由G7共同決定，由於大家的理念與價值接近，很快就可達成共識與做出決定，不再受到來自中俄的干擾。

▶ 文明的終局之戰

這一波「第一進化vs第三進化」的文明之爭，稱得上是兩種文明進化型態的終局之戰，也是一場決定人類文明揚昇或

降維的終極選擇，其結果將決定人類社會的百年命運，如果第一進化陣營獲勝，那麼人類將進入一個黑暗時代，回到專制奴役社會；反之，則是人類文明將迎來一波大幅的揚升，世界將更全面地進入現代文明，從而產生一波巨大的文明跳躍，而我們都將是這波文明跳躍的參與者和見證人。

當世界文明將要進入新一波的維度揚升前，勢必得經過一波大規模的沉澱與分離，就像跳高一樣，如果負擔過重，是不可能完成跳躍的，中國擁有世界 1/5 的人口，卻多數停留在第一進化，受到嚴厲的思想禁錮，這無疑是文明跳躍的沉重負擔。在這一波文明之戰中，主要的第一進化國家不但都浮出檯面，並且不約而同地站在了一起，對文明國家發起挑戰，這是過去不曾看到的現象，這也代表了文明分離淘汰的過程已經開始。

第一進化陣營經常指責西方國家自認高人一等，蓄意改造其它文明，這種作法不但愚蠢，而且帶來災難。事實上恰恰相反，提升文明的維度，並不會帶來災難，而是提供第一進化國家進入現代文明的路徑。這場文明之戰反倒是落後國家轉型的重大契機，一如二戰後的三個軸心國家，如今都已成為文明國家，也沒聽說哪個國家的傳統文化被毀滅。這個世界的最大安全保障，不在於是否推翻中俄，而在於脫離第一進化，這次文明之戰促成了文明國家形成高度共識，其最終目的就是讓人類社會徹底脫離第一進化，這也是這場文明終局之戰的真諦。

根據夏威夷大學教授拉梅爾（Rudolph Joseph Rummel）提出的「民主時刻表」，1776年，第一個民主國家美國成立；1900年，全球共有13個民主國家；1950年有20個民主國家；2000年暴增為120個民主國家。反觀專制的社會主義國家，從1970 - 2015年之間，由40個銳減為4個，面對民主與專制的消長趨勢，他預言2025年人類將實現全球民主化，這項預言能否成真，或許見仁見智，然而世界走向民主的大趨勢是不會改變的！這一波文明終局之戰後，「民主與專制」的競爭將徹底告一段落，民主體制將再次大幅拓展，而威權體制或將永遠退出歷史舞台。

中國篇

CHINESE
MAINLAND

第 四 章

中國的文明進化之路

　　在這一波文明之戰中，中國不但是第一進化集團國力最強大的國家，超越了沒落的老大哥俄羅斯，也是當今對文明世界最具威脅的大國，因此探討「第一進化vs第三進化」的文明之爭，中國無疑是首先必須了解的國家，加上中國對台灣的影響甚鉅，所以台灣必須對中國有著更深入的認識。

▶ 從「第一進化」進入「第二進化」

　　嚴格說起來，目前中國只有兩種進化階段，分別是1978年改革開放前的第一進化階段，其代表性人物為毛澤東，當時中國社會展現了典型的第一進化特質，既貧窮且落後，對內政治意識型態掛帥，高度集權，嚴控人民思想，反對資本主義，充斥著「戰爭與革命」的思維，將鬥爭哲學發揮得淋漓盡致；

對外則採取閉關鎖國，與國際社會隔離，唯一的例外是蘇聯，當時它是中國唯一的工業技術提供者。

1978年鄧小平上任，當時的中國已經被「土法煉鋼」、「三反五反」、「文化大革命」等群眾運動折騰得奄奄一息，亟需休養生息，如果中國繼續第一進化，勢必得面臨經濟破產的結局，由是開始推動「對內改革，對外開放」一系列以經濟為主的改革措施，中國也因此進入了第二進化階段。

從一個文明維度進入另一個文明維度，並非是線性前進的，而是跳躍式的，而改變思想正是進入更高維度的法門。改革開放最大的困難，莫過於改變根深蒂固的第一進化思想，當時鄧小平首先必須鬆開毛澤東所遺留的意識型態管制，透過「解放思想，實事求是」，以「實踐是檢驗真理的唯一標準」，鄧小平解開了政治意識型態對於生產力的束縛，從政治掛帥進入了經濟掛帥的時代，「和平發展」取代了「戰爭與革命」，中國正式迎來進入現代文明的契機。

不論是蘇聯、北韓、古巴等社會主義極權國家，其經濟發展遠遠落後於資本主義國家，而中國可以說是其中的異數，中國之所以跳脫社會主義貧困的魔咒，在於改革開放所帶來的思想突破，融入了資本主義和市場經濟的元素，為中國帶來了巨大的進步能量，當時鄧小平曾說：「跟著蘇聯的國家都變窮了，跟著美國的國家都富有了。」一語道破了中國必須從社會主義轉型成資本主義，才能走向致富的道路。

中國在第一進化時期曾高喊「打倒資本主義」，屬行計畫經濟，不論生產或消費等經濟活動，幾乎完全由國家所控制。但是隨著改革開放走向資本主義和市場經濟，鄧小平成功化解社會主義和資本主義兩種對立的經濟型態，中國在體制上仍然維持集權統治，但經濟上則融入了資本主義的遊戲規則，並摸索出一套適合中國的混合式經濟模式，這一模式被稱之為「國家資本主義」。隨著這種新模式的建立，中國引進充滿活力的市場經濟，誕生了更具競爭力的民營企業，同時開放西方企業大舉投資中國，帶來源源不絕的資金、技術和先進的管理，使得中國得以進入第二進化的初級轉型。

中國第一進化和第二進化的差異

	第一進化	第二進化
時間階段	1949 - 1978	1979 - 2012
政策路線	意識型態掛帥	經濟掛帥
發展主軸	戰爭與革命	和平與發展
經濟制度	計畫經濟	市場經濟
政策開放性	閉關鎖國	對外開放
生活品質	普遍貧窮	脫離貧窮，奔向小康
對待西方國家態度	• 仇視西方國家 • 打倒資本主義和帝國主義	• 與西方國家保持友善交往 • 協調社會主義和資本主義矛盾

▶ 善用國際秩序體系

改革開放的成功，在於中國很好的善用西方體系所提供的資源與資金，事實上，早在改革開放前的70年代，中國就已經爲經濟崛起進行準備。

冷戰時期，美國爲了聯合中國制衡蘇聯，在尼克森任內與中國建交，而後的幾任美國總統慷慨地提供大量的技術與知識，以及允許中國派遣大量留學生赴美學習尖端科技，更給予中國貿易最惠國待遇等，美國幾乎是手把手地教會落伍的中國有關現代化的科技與知識。這種帶有協助性質的全方位援助，一直持續到中國加入WTO爲止，美國一方面向中國開放市場，而中國可以保護某些領域不向美國開放；另一方面，美國希望通過幫助中國發展經濟，最終促使中國成爲一個民主國家，這就是所謂的「和平演變」。

中國的經濟奇蹟既有自身的努力，也有西方的協助，方才成就了改革開放的傳奇，並改變國際社會對中國的觀感，讓文明國家對中國充滿了想像與期待，認爲中國將逐漸邁向現代文明，因而放下對中國的戒心和限制，伸出雙手幫助中國，進而允許中國搭上全球化的分工列車，在現有的西方經貿秩序體系下快速的茁壯與發展。

具有政治智慧的鄧小平，小心翼翼地採取「韜光養晦」路線，避免中國衝撞國際遊戲規則，巧妙地迴避國際紛爭，既不

必負擔大國責任，卻能享有開發中國家的一堆好處，讓中國得以在經濟發展的道路上盡情狂奔。中國就像是一塊乾燥已久的海綿，利用低廉的勞力市場和龐大的市場潛力，飢渴地吸收來自文明國家所提供的養分，接收大量勞力密集產業，建立起完整的工業體系和生產供應鏈，使得中國的產業技術和科技突飛猛進。在三十年的改革開放期間，中國幾乎是直接跳過摸索階段，建立西方百年努力下才得以建立的工業體系。

改革開放後的中國，有如一個蘊含無窮利潤的處女地，不但成為跨國企業的兵家必爭之地，中小企業也懷抱著成為全球性企業的夢想，從此全球的人才與資本湧向中國，成為建設中國的主力。

▶ 走向現代文明

中國對全世界開放後，蜂擁而來的不僅僅是資金和技術，更包括了中共視為禁忌的西方文明思想，也跟著一併流入了中國。改革開放結束了中國的鎖國，民眾第一次大規模地接觸西方現代文明，見識到中國和文明世界的真實差距。雖然中共一再聲稱：「改革開放的成功得力於具有中國特色的社會主義」，實際則是北京接受了西方第二進化的路徑，並加以變通，因此中國的現代化，其實很大程度來自接受西方現代文明的結果。

改革開放使得中國進入第二進化，而第二進化最重要的基

礎就是契約精神和私有財產，這是進入現代文明的起步，也是現代經濟發展的基石，特別是中國要融入國際經貿體系，就必須尊重契約精神，不論是簽訂商業貿易契約，或者是國與國之間的協議，也正因為中國接受了契約精神，遵守以規則為主的國際秩序，方才得以獲得文明國家與跨國企業的信任，建立國際信用與取得訂單，最終得以搭上全球化的特快車，促成了中國的崛起。

貧窮是無法實現文明的，富裕才是走向現代文明的一大步，當有了私有財產，才能擁有獨立人格，擁有生命尊嚴，更擁有自由。改革開放前，中國實施公有制，人民工作意願低落，但在改革開放後，人民不但可以擁有私產，甚至可以致富，從此調動了生產的積極性，讓中國富了起來，並且步上西方第二進化的軌跡，誕生了中國社會過去所沒有的階級，如民營企業家、中產階級等，甚至連富可敵國的資本家都出現了，連許多官員也都成了資產階級。

不論是共產主義或社會主義，本身就是一種集體主義，而資本主義則是個體主義，市場經濟強調減少政府管控，讓市場發揮作用，特別是從農業社會走向工商社會，必然走向個體主義傾向，追求自由開放，減少國家干預，釋放個人工作的積極性。中國的改革開放，雖然表面上維持國家專制，在經濟面卻不得不放開管制，給予人民一定程度的自由，隨著中國在經濟面走向個體主義，當人民一旦有了個體意識後，就會認識到自

己的權利，不論是財產權、自由權、生命權，使得現代文明的種子在中國生根發芽。

中國在第一進化階段強調政治掛帥，其核心精神歸根結底就是——鬥爭，中共認為鬥爭是人類社會進步的動力，強調「槍桿子出政權」，因此第一進化的中國就是一個鬥爭社會，內部充斥著各種折騰人民的政治運動，從大躍進到文化大革命，不但消耗大量的社會成本，更造成了人民的苦難。在外部，中國視美國為最大的假想敵，不斷灌輸人民反美思想，鼓吹「帝國主義亡我之心不死」，視美國為最大的反華勢力。

在改革開放接受現代文明洗禮後，原本暴力與好鬥的中國出現了明顯轉變，不再強調野蠻的鬥爭哲學，淡化以仇恨為主要訴求的民族主義，開始和西方國家交好，改革開放為中國社會帶來了一條出路，不再停留在彼此互害的鬥爭，轉而將精神用於創造財富，這麼一來，大家一門心思拚經濟，有效地化解了第一進化的暴戾鬥爭之氣，到了胡錦濤時代，更強調「和諧社會」和「不折騰」，使得中國達到了近代的文明進化高峰。

▶ 改革開放，中國歷史唯一的第二進化階段

中國是一個擁有長達五千年農業文明的大國，在很長的一段時間，中國一直都是世界的超級大國，大多是同時期人口最

多、經濟最富裕的一流國家。然而，從文明進化的角度來看，中國雖然是第一進化的佼佼者，卻是第二和第三進化的落後者，數千年來，不論江山如何改朝換代，中國第一進化的文明本質始終不變，即便清朝末年的洋務運動和變法，都不曾改變中華帝國的文明本質。

西元十四世紀之前，中國可說是全世界最先進的國家，義大利商人馬可波羅在其遊記中，盛讚當時中國的進步與富裕遠超過同時期的歐洲，十三世紀蒙古鐵騎橫掃歐洲時，帶去了更先進的東方文明，特別是中國的火藥、指南車、造紙、印刷術「四大發明」輸入歐洲，促成歐洲的文明進化。但是這一文明領先優勢，在歐洲開啟大航海時代、文藝復興和工業革命後，出現了大逆轉，西方文明率先進入全新的文明維度，等到中西文明再一次於十九世紀交鋒時，英法聯軍僅以區區三千名士兵，便以完勝之姿打垮了數十倍的大清帝國軍隊，中國這時方才意識到面臨「三千年未有之變局」。

當孫中山與國民黨推翻滿清後，新成立的中華民國始終面臨內憂外患，缺乏好好建設中國的機會。1949年中華人民共和國成立後，實施極權統治，其所表現的第一進化特質，和歷史上的中華帝國並無二致，仍然延續「大一統思想」和「家天下文化」的本質，並未從事現代文明改革，還是圍繞著以統治階級為核心，未能有效改變中國數千年來的小農經濟，但嚴密的監控和維穩力道，較諸歷來的中華帝國則有過之而無不及。

嚴格說來，中國五千年的文明始終不曾進入第二進化，這種情形直到改革開放才算正式被打破，改開（即改革開放，以下簡稱「改開」）對中國最大的意義，不只是創造了經濟奇蹟，更帶來文明本質的轉變，使得中國得以進入初步現代文明的維度。雖然改開的中國仍然披著社會主義的外衣，但內在卻已經走上了資本主義道路，即使改開只實現了物質文明的現代化，並未實現對權力的馴服，饒是如此，卻已深刻地改變了國運和人民命運，稱得上是中華文明進化史上最大的一次跳躍。

---第　五　章---

前進或倒退？

▶ 改革開放的能量已經用罄

過去人們聽了太多有如現代經濟神話的中國模式，就像中國的房地產只漲不跌一樣，然而近幾年中國經濟嚴重下行，特別是中美貿易戰後，中國經濟出現了盛極而衰的現象，GDP成長嚴重放緩，過去經濟發展所仰賴的「三駕馬車」，即「投資、出口、消費」全都失靈了，都出現斷崖式下跌，此外，股市萎靡不振，更出現了企業倒閉潮和失業潮，而巨大的房地產泡沫已經破滅，各種灰犀牛和黑天鵝的傳聞滿天飛，至今經濟持續探底的趨勢並未改變。

中國經濟近乎崩盤，這不僅是中國經濟40年以來最艱巨的挑戰，更是中共建政以來所遭遇的最大變局，2019年中國投資界流傳一句話：「2019會是過去十年中最差的一年，但卻是未來十年當中最好的一年。」這句話至今依然靈驗，中國經

濟大環境的丕變可見一般，改開以來，活力旺盛的民營企業一直是拉動經濟成長最重要的力量，更是掙取外匯和創造稅收的主要來源，如今民營企業奄奄一息，正在大面積的消失，代表著中國經濟陷入了大麻煩。

與此同時，中國的經營環境也出現了結構性改變，低廉的土地、人口紅利早已消失，過去所有吸引外資的有利條件，幾乎都不復存在，加上政治性因素介入，例如北京強迫外企建立黨支部，強制技術轉讓，甚至修訂通過反間諜法等，凡此都使得中國市場失去吸引力，愈來愈多的外資在無利可圖和政治風險大增的情況下，只能選擇撤出中國，遷移到東南亞或印度等製造成本更為低廉的國家。

十年前，中國內部的有識之士就已經意識到，改開已經無法再提供中國經濟發展足夠的推進能量，清華大學教授孫立平曾提及：「過去的兩個三十年的路基本上走完了（指中國的第一進化＆第二進化），包括改革開放的三十年，它的潛力基本上釋放完畢，現在實際上是要進入一個新的三十年，這個新的三十年應該建立在過去那兩個三十年認真反思的基礎上，從而提出一個超越性的一種理念。」中國的經濟失速，除了動能枯竭，更有太多的資源用於內耗等沒有效率的方向。雖然中國改開成就斐然，但無論再怎麼風光，都已成為過去，中國必須尋找新的推進動能。

▶ 不完全的第二進化

　　鄧小平推動改開之初，就已明確中國只進行第二進化的經濟面改革，不涉及第三進化的政治面改革，也就是說，中國只要西方的工業和科技等器物文明，卻不要西方的精神文明，諸如普世價值和信仰自由等。中共這種「只要第二進化，不要第三進化」的改革開放，從一開始就已設定天花板，充其量只能說是一種半套的改革，是一種不完全的第二進化，註定所能帶來的進步能量是有限的。對文明國家來說，第二進化和第三進化是並進的，經濟、制度、人文價值是配套的，彼此相互帶動進步，推動市場經濟最終必然走向民主自由，西方發達國家幾乎無一例外，但中國以人為的方式扭曲了這一文明進程。

　　雖然改開給中國社會帶來翻天覆地的外表變化，但是中共內在的極權本質並未轉變，所謂「中國特色的社會主義」，其實就是「第二進化的外衣，第一進化的本質」。在中國，經濟必須服務政治，這和西方國家政治必須服務經濟大異其趣，在中國，所有的大企業或高科技必須以國家和軍事需要為優先，而握有政治權力的統治階級，更在中國經濟起飛後滋生嚴重的腐敗。雖然改開期間，強調經濟掛帥，刻意淡化政治意識型態，但一旦面臨兩者的衝突時，政治考量始終凌駕於經濟之上。

　　中國的國家資本主義始終保有經濟主導權，中共總以為自己可以自外於歷史規律，當然也包括經濟規律，然而經濟有其

運行規則，不會聽從中共的號令。改開之初，雖然協調了計劃經濟和市場經濟的矛盾，但畢竟只是一種暫時性的妥協，政治主導始終都是改開的隱憂，社會主義和資本主義的先天矛盾從來不曾消失。隨著改開的能量用罄，兩種不同經濟思維的矛盾開始浮現，最終中共還是得在「深化改革」或「走回頭路」當中做出抉擇，這其實也是中國進行半套改革之初就已埋下的隱患。

▶ 深化改革開放的困境

當改開有如一列失去動力的列車，中國經濟發展已然走到轉型的臨界點，而「深化改革開放」曾被視為唯一的解方，然而問題來了，究竟什麼才是「深化改革開放」？說穿了，其實就是進行政治改革，中國前總理溫家寶曾經呼籲：「堅定不移地推進政治體制改革，發展社會主義民主法治，促進社會公平正義，實現人的自由平等。」以上這段談話明白指出解決中國困境的癥結，說穿了，中國必須進行體制改革，把改革開放缺乏的那半套補上，才能開發中國新一代的發展動能，以及改革中國落伍的政治體制和官僚腐敗。

為什麼中共明知道必須深化改革才能解決發展問題，卻不願付諸行動？關鍵在於，如果啟動深化改革，中國必須改變目前的政治體制，以及集權統治的本質，那麼中共依賴一黨專

政取得營私尋租的特權將不復存在，其不勞而獲的空間就此消失，這麼一來，中國的紅色家族勢必得放棄特權和既得利益的奶酪，這是中共任何領導班底都不願觸碰的，也無力改變的，這也是為什麼過去鄧小平推動改開有個前提，就是不能動搖中共的統治基礎。

中國統治階級的利益結構，只能存在於古老的第一進化，本來進入第二進化的許多改革已經很勉強，比如人民可以透過市場經濟和個人努力，獲得生活所需，不再仰賴中共計劃經濟的控制與分配，中國社會得以朝向自由發展的方向，這是中共專制政權所不樂見的。專制政權有種迷思，認為飢餓的人民更好控制，只要在其飢餓時給予一餐飽飯，人民就會感恩戴德。若中共繼續深化改革開放，勢必得做出政治體制改革，給予人民更多的自由，然而這些改革必然動搖中共的統治根基，人民將愈來愈不需要共產黨，這當然是中共不允許的。

西方國家原本認為透過和平演變，可以引導中國走向進步和民主，但是這一現象並未發生，西方國家低估了中共的控制能力。事實上，為了維繫極權統治，中共先天就視文明國家和民主自由為敵人，一天到晚擔心中國爆發顏色革命，中共深刻了解，一旦走向和平演變，中共就將走入歷史。

事實上，改開可說是和平演變的第一步，使得中國從封閉走向開放，這對中共的統治結構已經造成嚴重衝擊，若繼續深化改革，推動第三進化，那麼無異將刨去中共的根，因此說什

麼都得將其扼殺於襁褓之中，這也正是改革開放戛然而止的眞正原因。

▶ 文明進化的十字路口

哈佛學者奧弗霍特（William Overholt）曾經成功預言，中國將因改革開放成爲強國，而中美貿易戰發生後，他又預測中國將卽發生巨變，因爲無論改革成功或失敗，中國的政治變化都是不可避免的，如果失敗，中國人會把對經濟的不滿轉爲政治壓力，若成功則會產生更多的政治改革訴求。他指出，現在無法像早年一樣預測中國的經濟走勢，唯一可以預測的是：「巨變卽將發生！」中美貿易戰開打後連串的經濟制裁，造成中國經濟重創，中國學者甚至形容這是一場「國運之戰」，習近平亦有感而發的說：「中國正面臨百年未有之大變局！」

過去十年，中國內外環境面臨著空前的不確定性，中國從來不曾引發這麼多內外質疑，與其說這是中國的變局，更確切的說，這是中共空前的統治危機，坊間甚至出現了「改革，亡黨；不改革，亡國」的說法。嚴格說起來，這一場變局開始於中國是否能夠深化改革與轉型，當原有的改開能量消失，無法再帶動中國前進時，中國面臨了文明進化路線的抉擇。

這種抉擇在實施改革開放前也曾發生過，然而改開是成功的，鄧小平摸著石頭過河，將中國從第一進化推向了第二進

化，爲中國帶來了三十年的發展機遇。隨著中國再次走到了「前進或後退」、「向左或向右」的十字路口，究竟要往現代文明的方向走去？還是要回到第一進化中華帝國的路徑？這將會決定從「中國2.0」進入「中國3.0」，或是從「中國2.0」回到「中國1.0」。

▶ 三種不同文明進化下的中國

綜合之前各章所述，茲將中國三個進化階段的特質，歸納整理如以下附表。

三種不同文明型態中國的內涵與特質

進化階段	第一進化	第二進化	第三進化
時空階段	過去中國	現在中國	未來中國
核心本質	專制中國	經濟中國	文明中國
社會型態	農業社會	工商社會	公民社會
追求目標	站起來	富起來	進入高度文明
代表人物	毛澤東	鄧小平	-----
內涵	戰爭與革命	和平與發展	民主與自由
版本	中國1.0／初階中國	中國2.0／中階中國	中國3.0／高階中國

以上這三種不同文明型態的中國，每一種中國版本都存在著實現的可能性，端視中國在十字路口的選擇與轉型，如果中國走向倒退，那麼將會慢慢的變窮，逐漸回到初階中國；如果中國突破轉型瓶頸，繼續前進，成爲一個更富裕和更文明的版本，那麼將逐漸成爲一個平衡與成熟的文明大國，這也是世界所期盼的中國。

第 六 章

從「第二進化」
回到「第一進化」

　　中國是一個古老的帝國，往好的方面說，有著悠久的文化，往不好的方面說，中國積累了數千年的統治馭民之術，形成了強大的慣性，使得中國社會始終都在第一進化當中輪迴。在鎖國的年代，中國社會根本無法想像和西方文明之間的差距，雖然改革開放開啟了一扇窗，讓現代文明的光線透入中國，但數千年來所積累的文化糟粕和思想慣性，使得中國可說是當今世界少數抗拒現代文明思想最頑固的地區之一。

▶ 文明的回潮

　　當全世界都期待中國能夠繼續深化改革，事實的發展卻背道而馳，中國不但沒能朝向第三進化的方向前進，反而在許多

方面都出現倒退回到第一進化的跡象，不論是政治上的獨裁統治，經濟上的國進民退，以及加強對人民的監控和言論管制，在在顯示現在的中國已不再是改開時的中國，如今的中國已經回到第一進化！

2022年，隨著習近平連任，以技術官僚爲主的「團派」和「改革派」，已經完全退出中共領導層，新的領導層大多是專門從事意識型態宣傳的官員，這也意味著中國有回到了改革開放前的意識型態掛帥。許多專家認爲中國的改革開放已經成爲歷史，而改開時期所建立的領導人任期制度和集體領導，以及推動思想解放後，好不容易才建立的現代文明根基，正系統性的被移除。

在十字路口的路線抉擇中，中國的走向已然明朗，選擇走上回頭路。改開迄今超過四十年，但眞正改開的時間只有前面三十年，最近十年，中國出現了加速向左轉，從第二進化快速的朝向第一進化移動。隨著整體文明進化出現倒退，中國各方面也都跟著出現了倒退跡象，許多令中國人熟悉的第一進化舊事物又回來了，原本改革開放淡化的意識型態掛帥，如今又重回了中國社會。

中國之所以崛起，正是因爲淡化馬克思主義，如今共產意識型態再度班師回朝，宣揚「紅色經濟」、「延安精神」、「窯洞政治」，不但意識型態之爭重燃，甚至階級鬥爭也被提了出來，馬克思更被吹捧爲「千年第一思想家」，北京對社會的每

一個層面，包括大學校園在內，無不採取嚴格的意識型態管制，任何未經准許而擅自評論中共政策者，都可能被視為「妄議中央」遭到懲罰，因言獲罪的人也愈來愈多，而意識型態和獨裁政治的回歸，觸動了中國社會最深層的恐懼，大家擔心重新回到那個不堪回首的第一進化年代。

如今即使西方商人到中國做生意，都必須放棄對普世價值的堅持，接受中國的意識型態，例如在中國的外資企業，必須使用具有人權爭議的新疆棉，遵守一中原則，在企業成立中共黨支部等，這些要求都造成外資的反感。在對外方面，中西之間爆發科技戰、貿易戰、供應鏈脫鉤等，但並非源自於商業競爭，而是基於彼此意識型態上的扞格，這是中國倒退回到第一進化所必然發生的現象。

經濟學人智庫（EIU）公布2021年的民主指數，中國在全球排名第148名，「接近墊底」，EIU指出，中國的自由尺度明顯在倒退。中國對思想控制愈來愈嚴屬，大幅收緊言論自由，原本改開時期有限度的言論自由幾乎蕩然無存。過去鄧小平為了淡化專制獨裁而走向集體領導制，如今卻又從集體領導制走回專制獨裁，習近平不但集大權於一身，更建立終身領導制，標舉屬於第一進化的鬥爭哲學，強調要發揚鬥爭精神，等於確認了中國重新退回第一進化！

▶ 中國正在加速崩壞

「胡溫體制」主政的十年，被外界譽為中國的「黃金十年」，但此後的十年，隨著文明倒退和意識型態回歸，中國經濟下滑的速度著實令人大吃一驚！

不論在90年代的中國，或者是前蘇聯和東歐國家，國營企業經濟型態已被證明是一種淘汰的模式，中國在改開期間，推動「國退民進」的經濟政策，也就是一方面對國營企業進行改革，一方面鼓勵民營企業發展，提升民企競爭力；然而最近十年，中國卻反其道而行，不但推動與改開背道而馳的「國進民退」路線，大力扶持國企，更要做大做強，引發各界對國有經濟死灰復燃的憂慮，更使得中國民企失去了原本欣欣向榮的活力。

2022年，央視以1％的股份入主抖音；而「中國移動」與「京東科技」簽署了戰略合作協議；「中國聯通」與「騰訊」成立了合營企業；其它國企電信也紛紛與民營網路科技公司進行「公私合營」，北京強勢介入民營經濟，入股並干預經營權，等於變相的將民企變成國企。透過以上方式，北京進一步控制了民企，許多具有大數據戰略意義和高獲利的民營企業，如騰訊、阿里巴巴、京東方、字節跳動等，紛紛遭到國企收編或入股，這讓許多民企喪失了信心，也勾起了第一進化時期「消滅私有制」和「打土豪分田地」的陰影。

隨著中國經濟下行和財政困難，北京推出「共同富裕」政策，騰訊和阿里巴巴先後捐款500和1000億人民幣響應，其它民企見狀也紛紛跟進，這些巨額捐款相當程度地掠奪了企業資產與利潤。當經濟持續下行，地方財政捉襟見肘，對於民企巧立名目的掠奪肯定更加氾濫。在改開大量誕生的中產階級，在這十年中大量的被掏空和凋零，至於自嘲為韭菜的一般民眾，則被全世界最昂貴的房地產榨乾了消費能力，透支了未來，中國人民正逐漸走向貧窮。

當中共從第二進化回到第一進化後，由國家資本主義路線重新回到社會主義，中共認為在社會主義和資本主義的鬥爭中，資本主義必將消亡，社會主義將取得最終勝利。這種方向與路線上的劇變，令外資感到恐懼，導致外資大舉撤出，和改開時期外資爭先恐後地進入中國形成強烈對比。隨著中國持續回到第一進化，出現了許多全球化的逆流，諸如中國開始鼓吹內循環，甚至是閉關鎖國，回到自給自足的時代，並在多地成立「供銷社」以及「社區食堂」，這是毛澤東時代農業經濟與紅色意識型態下的產物，如今竟有捲土重來之勢。

以上中國這一連串回到第一進化的發展，彷彿時光倒流，但從文明的軌跡來看，並不令人意外，這些現象反映了當下中國文明的進化狀態，而文明倒退與中國衰敗可謂一體兩面。

▶ 走向衰敗

不同的文明進化階段，展現不同的文明特質，對應不同的行為表現，更對應了一個國家的興衰成敗。經濟是檢視中國文明進化最具代表性的櫥窗。改開提升了中國的文明維度，使得中國奔向小康，隨著中國倒退回到第一進化，原本好不容易解放的思想又回到改革開放前，如今中國不但逐漸返貧，變得更加強調意識型態，更成為國際社會排擠的對象。

隨著中國逐漸回到第一進化，中國正變得更窮，更不自由，私有財產更沒有保障，這一過程被外界形容為回到「毛澤東2.0」或「文革2.0」，但卻被中共美化為「中國式的現代化」。中國在改開時期創造全世界最大規模的脫貧，如今卻可能創造全世界最大的返貧，更糟糕的是，文明的退化讓中國社會失去了希望與動力，年輕人因為缺乏希望和就業機會，生活負擔沉重，選擇集體躺平，生活的艱難直接導致生育率暴跌，絕望的他們甚至喊出「我們是最後一代！」從2022年起，中國人口已經開始進入負成長，中國已然進入衰退老化的進程。

基本上，文明的倒退一定會反映在整體發展上，以反映經濟榮枯的股市來看，近幾年，香港和滬深股市成為全球表現最差的股市，真實地反映了中國的急遽衰退，中國社會和民營企業也失去了活力，投資環境日益惡化，經濟的衰微勢必導致中國綜合國力下降，在文明持續倒退的趨勢下，中國的衰微已經

成為難以逆轉的趨勢。

▶ 回到過去的「中國夢」

在中國這一波的回潮現象中，大力鼓吹民族主義應該是其中最具代表性的。中國在第一進化時期，民族主義喊得震天價響，分外仇視資本主義和西方帝國主義。到了改開時期，為了拚經濟，鄧小平淡化了民族主義，然而最近十年，民族主義不但死灰復燃，聲浪更是一浪高過一浪，產生了一連串的負面影響。

習近平上任後，中國的投資環境已經改變，經濟失去了成長動力，通貨膨脹因為印鈔放水飆升，當經濟發展難有重大表現，又不願進行改革的情況下，中國再度抬出了民族主義，轉移國內外的注意力。 2012 年，習近平提出「中國夢」，標榜「實現中華民族的偉大復興」，此後，這兩個宏大的口號就成了中國的核心價值。中國官方表示，中國的歷史輝煌包括了兩方面，其一是比現今更為遼闊的疆域領土；其二，中國曾是世界第一富強的大國，似乎寓含了中國將走向擴張之路。

中國的民族主義有個最明顯的特點，所強調的都是「過去」，不論是恢復「過去」的歷史光榮和疆域，或者是強調「歷史」的恥辱和列強欺凌，這樣的民族主義更多的是往回

看，而非向前看，不但和文明潮流脫節，也無法提供向前進步的動力。

　　追求「偉大民族復興」的中國，試問和過去的中華帝國有什麼不同？如果只是恢復了中國歷史上的地位、領土、統治權力、最大的經濟體等，這些過往中華帝國已經達到的成就，對今日的人類文明而言，恢復這樣的中華帝國對中國人民有何好處？對國際社會又有什麼意義呢？對文明國家來說，今天的中國可說是過去古老王朝的延續，對人類文明的貢獻相當有限，法國媒體曾推出「中國，永恆的王朝：沉浸2000年的權力」專輯報導，具體描繪中國高唱入雲的民族主義，「讓世界意識到中原王朝還沒消失，它找到新的存在方式了」！

第 七 章

從韜光養晦，到走向擴張

▶ 從「韜光養晦」到「有所作為」

中共有著與生俱來的好鬥基因，當實力不足時就會隱忍示弱，信奉老二哲學，一旦自認實力足夠，就會發起挑戰，而專制極權國家在其力量強大後，往往都有著稱王稱霸的傾向。

1990年，鄧小平提出「韜光養晦」的外交思想，針對當時有人希望中國當老大，鄧小平堅定回絕，更一口氣講了三個「永遠」，「中國永遠站在第三世界這一邊，永遠不稱霸，也永遠不當頭！」於是韜光養晦成為中國把握崛起機遇的大戰略，在相當長的一段時間內，中國堅持不擴張、不稱霸、不結盟的路線，堅稱自己是發展中國家，低調掩蓋迅速膨脹的國力，為中國爭取了寶貴的戰略機遇期，最終成為綜合國力僅次於美國的超級大國。

到了習近平時代，中國的自信達到頂點，認為強大的中國已經足以和與美國平起平坐，甚至超越美國，中國從上到下彌漫

著超越美國的樂觀氣氛。這時的中國已不再滿足於「富起來」，更要「強起來」，中國一改「韜光養晦」路線，走向「主動出擊，奮發有為」的擴張路線，在軍事上實行「能打勝仗」的強軍政策；在外交上，採取強勢的戰狼外交；經濟上推動「中國製造2025」，將中國由製造大國打造為製造強國；而「一帶一路」[6]的推出更是震撼了世界，這一個集地緣政治、經濟、外交、軍事影響於一身的龐大計畫，成了中國全球擴張的領頭羊。

　　長久以來，西方國家對於中國的崛起始終心存疑慮，到底中國強大後，會成為一個什麼樣的國家？隨著中國的擴張路線日益清晰，顯然中國已經不只是想要有錢，中國更想取得支配世界的權力。過去中國IT界流傳著一句話：「三流企業做製造，二流企業做技術，一流企業做標準。」如果把國家看做是企業，中國認為其國力已經是一流國家，強大到足以制定標準的階段，也就是說，中國要制定自己的遊戲規則和秩序，爭取更多的蛋糕份額，甚至具有主動分配蛋糕的權力，這麼一來，就無可避免的必須挑戰當前的世界秩序。

▶ 中國模式──「第二進化的外衣，第一進化的本質」

　　隨著中國走向世界，開始對國際提供「中國模式」，也就

是中國走向富強的進化路徑。北京自認中國的制度和理論比西方更優秀，特別是西方文明已經面臨發展瓶頸，而「中國模式」可以為人類文明指引新的出路，然而和西方文明不同的是，中國的進化路徑只有第一和第二進化，無法對世界提供一個好的文明價值，好的制度，對國際社會而言，「中國夢」更像是一個虛幻的口號，帶有強烈的民族主義色彩，帶來的是威權和腐敗，甚至是文明的倒退。

與此同時，中國也開始輸出意識型態，雖然中國不具備軟實力優勢，但是對於發展落後國家來說，中國的崛起還是相當具有吸引力的，透過對於「中國模式」的推銷，中國不再輸出革命，而是輸出改頭換面後的意識型態，例如中國在非洲所舉辦的政黨領導人培訓，教導這些非洲未來的政治菁英有關如何領導國家，如何發展政黨等內容，這是北京有計畫地輸出其政治意識型態。而北京也刻意地支持同屬威權體制的亞、非、拉美國家，以增加北京抗衡西方民主國家的分量，同時北京開始輸出文化意識型態，其中最具代表性的莫過於孔子學院[7]。

綜觀中國模式在全球的擴張，始終圍繞著一個核心——交互運用其第一進化的軍事力量，以及第二進化的經濟力量，北京的擴張往往披著第二進化的經濟外衣，實際上卻還是第一進化的本質！

▶最能代表中國模式的「一帶一路」

談到中國擴張，最具代表性的莫過於「一帶一路」，自從 2013 年正式推出以來，其規模之宏大令世界震驚。一帶一路不但帶來了中國的資金技術，也帶來了中國的意識型態，更改變了地緣政治的樣貌，若說一帶一路是中國擴張的濃縮版，其實一點也不為過。北京藉由這樣的一個超大型計畫，建立起以中國為核心的新秩序，可謂輸出中國模式的最重要途徑。

對西方國家來說，一帶一路並非單純的經濟發展倡議，而是帶有政治任務的擴張。一帶一路表面上看起來是中國版的馬歇爾計畫，被視為轉移中國龐大的過剩產能，同時帶動落後國家基礎建設的經濟計劃，這一看似雙贏的構想，提出迄今超過十年，非但沒能實現最初的雙向經濟繁榮，反而產生了各種問題，令參與的國家怨聲載道。仔細分析一帶一路所帶來的影響，表面上看似給參與國家帶來經濟好處，實則造成各種破壞與傷害，北京假借第二進化的經濟繁榮外衣，帶來的卻是第一進化的掠奪本質。

雖然「一帶一路」為貧弱國家帶來了建設，卻也帶來沉重的債務負擔，陷入中國的債務陷阱。這些小國因為無力償還鉅額借款，被迫在政治、經濟、領土或主權上做出讓步，而中國趁機取得所需要的資源或港口，進一步成為中國海外的擴張基地，這彷彿是當代版的殖民主義。厄瓜多爾官員表示：「中國

的策略很明顯，他們要控制它國經濟」；馬來西亞首相馬哈迪則形容一帶一路是「新殖民主義」；馬爾地夫總統薩利赫則索性指控其國庫遭到中國「搶劫」，痛批前朝政府向中國大舉借債蓋基礎建設，令國家陷入財政困境。

多數一帶一路的窮國未蒙經濟之利，反而深受其害，然而這些國家官員卻因一帶一路的貪腐，賺得盆滿缽滿。由於一帶一路的工程造價中有很大的比例用於行賄當地官員，導致這些國家官場腐敗，工程造價高昂，品質效用大打折扣。有專家分析分一帶一路的工程時指出，這些建設普遍存在決策過程不透明，缺乏公開招標過程，使其成為滋生腐敗的溫床，其中馬來西亞前任首相納吉因涉嫌鉅額貪腐遭到逮捕，馬來西亞也成了第一個主動喊停一帶一路的國家；而肯亞總統魯托公布前任政府和中國簽訂的「骯髒合同」，其簽約細節有如不平等條約。

一帶一路在各國蓋了一堆沒有效益的機場、港口、碼頭，鐵公路等，甚至還有蓋在「叢林裡的會議廳」，許多基礎建設都是華而不實的「白象工程」，接受中國援助反而讓他們越來越窮。無力償還貸款的窮國紛紛要求中國免除債務，此舉造成了中國沉重的財務負擔。如今隨著中國經濟衰退，北京無力再維持一帶一路龐大的計劃，使其形同最大的爛尾工程，而各種有關的負面消息頻傳，導致一帶一路聲名狼藉，再也不復剛推出時的風光，這何嘗不也象徵著中國模式的衰落。

基本上，不論是輸出債務陷阱、中國的貪腐模式、威權體

制、掠奪性的殖民經濟，一帶一路所輸出的中國模式，充滿了中國第一進化的特色，搞得國際社會到處烏煙瘴氣。俄羅斯獨立報曾批評一帶一路把貪腐推廣到全世界，不但破壞中亞的生態環境，同時滋生嚴重腐敗，北京透過大量金錢，輸出國營企業的黨文化與不良習氣，助長了這些受援國的官員貪腐，腐蝕了這些國家的政治。

▶ 侵略式的經濟

2014年，中國取代日本亞洲高科技出口的龍頭地位，到了2017年，中國高科技產品的出口所占比例，已由2000年的9.4％上升到了44％，說明了中國經濟體質的轉變與進步；中國更在2015年推動「中國製造2025」戰略，扶植各個領域的頂級本土企業，推動中國由「製造大國」邁向「製造強國」，此時中國早就不以世界工廠為滿足，而是追求經濟崛起，成為與美國一較長短的經濟霸權。

中國經濟被稱之為「野蠻成長」，其高速成長的背後很大的原因來自於負債，也就是向未來借錢，但是這種擴張靠的是印鈔票，而非競爭力的提升，這種模式可以說是一種施打生長激素的模式，債務就是生長激素，中國用盡一切可能方式讓自己快速崛起，讓自己到達一個遠超過自己真實實力的高度，結果造就了中國虛胖的經濟體質，雖然看起來塊頭很大，可是肌

肉不結實，一場中美貿易戰不留情面地戳破了中國經濟繁榮的假象，美國對華為、中興等高科技企業的制裁，暴露中國缺乏自主技術和研發能力的軟肋，使得中國經濟的短板原形畢露。

隨著中國股市和房市萎靡不振，中國已經無法擠出足夠的內部資源維持經濟持續發展。在現有經濟發展模式已達上限，又無法像西方透過創新發明解決問題，這時就很容易走上掠奪與擴張之路。歷史上第一進化的帝國出現發展瓶頸時，往往就是其走向擴張或發動戰爭的時候！透過征服與掠奪，以解決內部矛盾和發展困境，例如中國收回香港，或叫嚷統一台灣，正是這種思維的折射。

日本前防衛大臣河野曾在俄烏戰爭爆發後表示，世界正在進入「經濟戰」時代，因此理念相近的國家必須做好準備，建構食物、能源等戰略物資的彈性供應鏈，不能依賴可能的侵略者，其實暗指的就是中國。以上談話隱喻了貿易已經成為北京對外擴張的重要工具，中國以其世界工廠的地位，發展出具有攻擊性的供應鏈，動輒以市場份額制裁特定國家，例如當澳洲聯合其它國家要求調查新冠病毒起源時，立即遭到中國的貿易報復。

美國前國務卿蓬佩奧曾痛批中國長年採用「掠奪式經濟」，竊取智慧財產權的嚴重程度前所未見。曾有中國智庫學者建議北京收復台灣，將台積電搶到中國手中，無視台積電是國際性企業，這已經是赤裸裸的強盜邏輯。法國記者董尼德

（Pierre-Antoine Donnet）在《中國大掠奪》這本書中指出，中國正在展開人類史上最大的掠奪戰！中國不僅在經濟層面影響全球，更在環境、科技與資源方面，成為全面性的掠奪者。

過去發達國家給予中國最惠國待遇，加入世貿組織，無非希望中國能夠脫離第一進化的掠奪和好鬥，進入更高維度的文明，但崛起後的中國不但停止走向文明，甚至打算癱瘓當初中國賴以崛起的文明體系，因此中國的經濟模式，就好比是一種病毒式的發展模式，初期必須依附西方體系，仰賴西方國家不斷輸血，最終在其壯大後取而代之。但是這種經濟發展模式有如填不滿的黑洞，必須不斷地竊取技術，吸收西方的資金，當中國愈是做大做強，反而愈是傷害國際社會，事實上，當中國決定對其賴以崛起的西方經濟體系進行攻擊時，就已經註定全球與中國經濟脫鉤的結局。

▶ 中國的銳實力擴張

中國另一個主要的擴張領域就是「銳實力」[8]。這是一種型態隱密的擴張，卻是一種極具破壞性、顛覆性和煽動性的力量，其影響力比經濟和軍事手段更全面，更深入。

隨著中國開啟對全球的擴張，幾乎各種領域都面臨來自中國的影響和威脅，中國利用民主社會自由開放的特性，向全世界派遣大量間諜，全面滲透西方世界，包含了政界、學界、媒

體、影視、高科技等領域，都成了重災區，其氾濫情況已經到了哪裡有中國人，哪裡就有間諜的程度。日本公安廳表示，中國至少向日本派遣了2萬名以上的間諜，英國情報官員也說，2021年調查中國間諜的工作量比起2018年暴增了7倍，冷戰時期，蘇聯對美國和歐洲的紅色滲透雖然厲害，但較諸中國的規模可謂小巫見大巫。

「銳實力」可說是中國對西方進行滲透的一種全新型態，這是一種綜合運用第一和第二進化的新型國力，提出「巧實力」[9]的美國學者奈伊（Joseph S. Nye）表示，中國的銳實力同樣軟硬兼施，但卻是「威權主義」式的巧實力，大量利用賄賂、監視、暴力等手段，以及「中國模式」的經濟利誘，外加推動孔子學院、大外宣[10]等文化手段，以增加其在各國的影響力與控制力。銳實力與巧實力的最大差別，在於其國家政治體制的本質迥然不同，北京從不宣傳民主、人權、法治、自由，而是要求外國「自我審查」，宣揚威權主義、共產主義理念，以及塑造中國的正面形象。

雖說中國的銳實力滲透無孔不入，但是銳實力本質屬於一種低維度的能力，往往必須伴隨著「藍金黃黑」（網路輿論、金錢收買、美色誘惑、威脅恐嚇）等低維度手段，帶來嚴重的腐敗和沉淪，一旦有弱點或把柄被中共掌握，就可能受到威脅與控制，中共對每個滲透的國家幾乎都運用這些手段，悄悄地為其布建新的國際秩序鋪路。

各種實力型態比較

硬實力	軟實力	巧實力	銳實力
• 硬實力在第一進化部分，以軍事實力為主，自然資源、土地、人口數量為輔。並以上述實力為後盾，透過外交、戰爭或威脅手段，達到政治目的。 • 硬實力的另一部分為第二進化的經濟與科技實力，透過利益誘惑或收買，或者透過經貿戰和經濟制裁達到政治目的。 • 經濟力量雖有軟硬兩種面向，相對比軍事實力更容易被接受，但並非軟實力，仍然屬於硬實力的範疇。 • 硬實力多半帶有咄咄逼人，讓人感到壓力和害怕的特性，無助建立良好國家形象。	• 屬於進入第三進化所特有的國力。 • 主要表現在制度、人文品質、價值、文化、創意等面向。 • 軟實力給人的感覺很輕鬆愉悅，沒有壓力，讓人在內心認同的情況下樂於主動接受，達到目的。 • 在接受軟實力的過程中，相對更易建立國家正面形象。	• 巧實力是綜合三種進化的能力，也就是軍事、經濟、軟實力三種能力的靈活運用，發揮一加一大於二的效果，達到最高效率的綜合國力。 • 美國是目前唯一能夠發揮巧實力的大國。 • 巧實力可軟可硬，所以可以恩威並施，以更多元的手段達到政治目的。	• 可說是中國在現有進化狀態下所發展的巧實力。 • 銳實力和巧實力最大的差異在於沒有軟實力。 • 無法透過軟實力建立正面形象，只能透過和宣傳和洗腦的手段，試圖建立其所希望的良好形象。 • 銳實力只能運用軍事力量和經濟力量為後盾，本質上只是硬實力的重新組合，手段有限，無法產生類似巧實力的影響力。 • 為了達到其政治目的，給國際社會帶來分化、滲透與破壞的效應，因此被稱之為銳實力。

註釋說明：

6 一帶一路為「絲綢之路經濟帶」和「21世紀海上絲綢之路」的簡稱，其範圍涵蓋中國大陸、中亞、北亞和西亞、印度洋沿岸、地中海沿岸、南美洲、大西洋等地區國家的重大開發計畫。此一由中國主導的跨國經濟帶於2013年正式提出，自推出以來，共有超過140國加入，這些國家的GDP約占全球四成，其總人口占全球的63%。

7 孔子學院是一個由中國教育部所轄的漢語推廣小組所推動，總部設在中國北京。自從北京於2004成立首家孔子學院以來，迅速在全球開枝散葉，截至2020年5月，中國在全球162個國家（地區）建立561所孔子學院。惟孔子學院以教學和文化交流的名義，大舉滲透外國大學教育體系，干擾校園言論自由，避免其批評中共政策，並將西藏、新疆、台灣和六四天安門事件等話題列為禁區，被國際社會所詬病，如今孔子學院在多個國家面臨關停的命運。

8 銳實力（sharp power）一詞，由美國國家民主基金會所創，2017年11月在《外交》雜誌中的一篇文章中提到，描述威權政府採用的侵略性和顛覆性的外交政策，目的是將其權力投射到另一個民主國家，有別於軟實力和硬實力的傳統界定。銳實力是一個國家透過操縱性的外交政策，企圖影響與控制另一國家政治的行為，銳實力還包括試圖操縱國外新聞媒體等手段，分化或誤導國際社會，以及轉移國際對中國負面報導的注意力。

9 巧實力（Smart power）是奈伊繼「硬實力」、「軟實力」概念之後，所提出的第二種國家實力概念，巧實力意指「結合硬實力和軟實力的致勝策略能力」。巧實力牽涉到外交、遊說、斡旋、示威、影響等有效率又合於情理法的策略運用，巧實力是集合軍事、外交、經濟、文化等手段多管齊下、軟硬兼施的策略能力。

10 中國從2009年開始推動的「大外宣」，起因來自北京認為西方媒體對於中國的報導不公平，不平衡，於是北京決定推動一項耗資450億人民幣的「大外宣」戰略，推動國營媒體機構向國際擴張，透

過大量的宣傳內容改善中國國際形象，影響西方對於中國的觀感和認知，以爭取國際話語權，而大外宣可說是中國對於國際社會所發動的認知戰，最終實際投入的金額可能超過1000億美金。中國問題專家彼得‧馬蒂斯（Peter Mattis）就表示，大外宣已經潛移默化地影響了西方人討論某些中國問題的方式和角度，某種程度改變了西方對於中國的認知。

第 八 章

試圖以低維度，進入高維度

先前提及了中國模式在全球的擴張，往往披著第二進化的外衣，實際上卻是第一進化的本質。本章則是在此基礎上進一步延伸，其實中國模式的擴張萬變不離其宗，皆是「以較低的文明進化維度，試圖創造更高文明維度的成果。」

▶ 以第一進化維度，試圖進入更高維度

西方從十七世紀以來逐漸地主導全球，除了航海文明、工業革命之外，最重要的就是思想不斷進化，伴隨著許多令人動容的理念追求，從而提供世界進步的普世價值。西方式的民主自由人權，既是一種理性的信仰，也是崇高的價值，是一種共同的精神文明交集，更是一種進化路徑，經過多個國家驗證後，證明確實可以帶動人類社會的發展與進步，即使中國不接

受西方進化模式，希望另闢蹊徑，卻無法否認其對人類文明的貢獻。

從明、清到今天的中國，骨子裡仍然排斥西方思想，甚至繼續沿用「中學為體，西學為用」的思維。雖然中國始終維持與更高維度的西方文明接觸，實質上仍以中國第一進化的集體主義思想，凌駕西方的民主、憲政、科學的個體主義思想之上，不願改變其根深蒂固的古老思維，也不講究法治與人文素養提升等各種文明配套，思想控制更是未見絲毫放鬆，反而不斷宣傳所謂的「中國特色」，或者是「具有中國特色的社會主義道路」，冀望在不採用西方進化路徑的前提下，把中國建設成為富強與文明的現代化社會主義國家，這正是中國「以第一進化思維，試圖創造高維度」的悖論。

中國的對外擴張方式都具有笨重費力且規模龐大的特質，這也是集體主義的特性，也是停留在較低進化維度的必然現象，包括一帶一路、大外宣和孔子學院等，這些項目都有以下幾種特色：規模龐大，投資金額驚人，但阻力大，困難多，成本與效益不成比例。如果美國用的是這種笨重的擴張方式，那麼絕不可能維持今日的霸權地位，因為這樣的消耗太巨大了，沒有任何國家能夠長期承受，這種擴張思維也不可能推動中國進入更高的文明維度，即便中國投入再多的金錢和資源，對於進入第二和第三進化的幫助其實很有限，甚至毫無作用。

▶ 彎道超車

中國常將「彎道超車」掛在嘴邊，希望短時間內，在經濟、科技、綜合國力上可以超英趕美，創造以低維度躋身高維度的奇蹟，整個中國上下無不追求快速致富與強大。然而這種急功近利的心態，導致中國在各種領域和關鍵技術上投機取巧，不願意走正道，踏踏實實地遵守規則，夯實基礎研發，反而過度依賴剽竊或技術轉讓，使得中國在高科技與高端製造領域動輒被掐脖子，一旦西方國家從源頭切斷技術來源，將立即陷入無米之炊的困境，譬如中美貿易戰迄今，以華為為首的中國科技企業遭到抵制後，發展從此一蹶不振正是最好的證明。

急功近利的心態難以培養完整的研發與製造精髓，如果一門心思彎道超車，就算能夠一時躋身原本不屬於自己的維度，但終究還是會被打回原形。美國能有今日源源不絕的創新，在於其厚實的科學基礎研究，1945年，美國發表了「科學：無盡的前沿」（Science: Endless Frontier）這一里程碑文件，奠定了美國戰後的科技政策——重視基礎科學與人力投入研究。60年代，美國在科研方面的投入曾高達GDP的2％，當科研成果逐漸轉換為商業化、工業化、軍事化的應用後，使得美國在冷戰競爭中，取得科技、經濟及軍事的領先優勢，此一優勢至今仍然沒有任何國家能夠撼動。

事實上最能說明彎道超車這種以第一進化思維，試圖進入

高維度科技領域的企圖，莫過於半導體產業，中國花了四十年的投資和竊取技術，迄今依然無法製造出高端晶片。基本上半導體產業，特別是晶片製造有以下幾個特質：投入金額大，需要國際各方的技術協作，需要長期枯燥的研發，卻未必看得到成果。這對長期以來不願踏踏實實投入基礎研發的中國來說，總想靠挖角人才與偷竊技術抄近路，縱使取得了一些成果，卻始終無法一窺堂奧，更甭談建立完整的研發製造體系。

在中美科技戰爆發後，面對晶片掐脖子的困境，北京還是以砸錢了事的方式解決問題。在北京提供大筆發展經費支持半導體的研發製造後，很快就發現自己低估了高端晶片的製造難度和成本，根本不是靠砸錢就可以做出來的，譬如艾斯摩爾的光刻機是全球產業鏈合作的產物，如果沒有各方頂尖技術的元件整合，製造EUV光刻機根本就是天方夜譚；其它包括各種材料、設備廠商以及晶圓代工廠，每一個領域都有極高的專業門檻，換言之，晶片是集全球頂尖科技和製造工藝的結晶，必須透過全球體系的共同運作才能做到，不可能由一個國家包山包海獨力完成。

尖端科技可說是高維度文明的結晶，中國不可能只要科技，卻不要文明的協作與配套，而中國第一進化的掠奪性製造理念，使其很難成為國際協作體系的一員，晶片製造可說是彎道超車不成反而翻車的實例。

▶用野蠻的手段建立文明

中國乍看科技很進步，甚至連進入太空的科技能力都具備了，但是對於更高維度的第三進化內涵卻少有著墨，從進化的過程來說，中國的精神文明仍然處於落後狀態，還是被視為非文明國家。整體而言，中國在還沒有到達一定的文明成熟度之前，就走向了世界，中國以低維度的思維，指點世界進入中國模式的文明路徑，實際上輸出的卻是第一進化的落後思想和威權體制，簡而言之，中國試圖用落伍野蠻的手段去創造文明，結果帶來的就是一場災難。

事實上，中國非但沒有能力進入第三進化，甚至連維持原有的第二進化都有問題，許多領域更是退回到第一進化。文明進化有其法則，其所塑造的世界和文明進化維度是相互對稱的，中國不可能用落後創造進步，以野蠻建立文明。而文明的倒退使得中國在國際上變得愈來愈粗野，從戰狼外交到軍事擴張，愈來愈強調鬥爭，中國對外展現更多的是野蠻與強橫。

野蠻本身就是文明的對立面，中國不可能一方面恃強凌弱，一方面卻嚷著建立公平正義。以低維度思維創造高維度文明，本身就是一種悖論，根本行不通。文明的進化沒有偶然，踏進更高維度的進化，不是用暴力和利誘，或者宣傳和包裝就可以達到的，「中國夢」聲稱要探索一條非西方的現代化道路，除了宣傳和包裝外，卻始終沒有提出具體的路徑，以及類

似西方的民主自由、法治和權力制衡等具體配套。

　　由於中國試圖把低維度文明包裝成為高維度文明，結果產生了一種現象，那就是在外表上非常光鮮亮麗，有進步的機場和港口做為門面，有全世界最現代化的城市建設與摩登建築，更有著頂尖的鐵公路和基礎建設，最便利的支付系統，任誰看到這樣的表象，都會認為中國是一個現代文明國家。但是許多華麗表象之下的野蠻行為，卻被刻意的隱藏起來，比如鐵鍊女事件、唐山燒烤店毆女事件、活摘器官疑雲、疫情期間的野蠻封城等，這種外表文明，內在野蠻的落後現象，反映的正是「企圖以野蠻建立文明」的矛盾。

▶ 中國打造軟實力的迷思

　　英國鐵娘子柴契爾夫人四十年前曾提及：「中國不會成為世界的超級大國，今天中國出口的是電視機，而不是思想觀念。」如今四十年過去了，即便中國今天已經崛起，但還是沒有能力輸出思想與觀念。中國歷史上對於富強並不陌生，然而對於第三進化的軟實力領域，則是中國歷史上從來沒有過的經驗，中國對於全球文化潮流的影響力微乎其微，因此發展軟實力成為中國最關心的重點之一，中國前國家主席胡錦濤曾指出：「中國要提升軟實力，在世界各地加強大外宣，成立孔子

學院。」此話言猶在耳，然而十多年過去了，中國的軟實力還是很微弱。

　　爲什麼中國在第一和第二進化的硬實力都具備輸出能力，唯獨對第三進化的軟實力卻付之闕如？歸根結底，和科技的彎道超車有著共同的核心問題——「企圖以低維度進入高維度」！

　　首先我們先從以下的懶人包，了解軟實力和硬實力與文明進化的關係：

　　接下來，我們不妨從以下幾個面向觀察中共的軟實力思維。

（一）用硬實力的思維打造軟實力

　　單就字面上的意思來看，硬實力給人的感覺就是硬梆梆的，由於只以第一進化和第二進化做爲基礎，很容易形成「銳實力」，銳實力和軟實力的差異，就在於是否進入了第三進化，軟實力必須以文明做爲驅動力，如果不具備第三進化的文明底蘊，軟實力是走不出去的，當中國以硬實力的思維推動軟實力，結果反而變成了銳實力，比如中國的外交部發言人，爲了展現大國身段，言詞犀利強硬，戰狼外交咄咄逼人，反映中國只能強硬尖銳，卻無法柔軟；反之，西方國家的外交發言人談話，態度溫和，軟中帶硬，不卑不亢，這其實就是一種軟實力文明底蘊的表現。

第一進化
主要以硬實力為主,其項目包括:
軍事力量,土地,自然資源,人口

三種進化與
國力的關係

第二進化
偏向硬實力,
主要為經濟和
科技實力

第三進化
以軟實力為主,
包含制度,人文,
價值,文化,
創意等

（二）經濟力量不等於軟實力

　　許多人認為經濟力量就是一種軟實力,那麼中國經濟崛起後,理應具備軟實力,然而國際普遍認為中國並不具備軟實力,中國或許善於運用經濟利益收買人心,但這算不得什麼軟實力,因為軟實力是建築在內心的認同,而非利益的認同!對經濟相對落後的非洲和拉美地區來說,經濟實力或許可以稱得上是軟實力,但是對於文明國家而言,經濟實力和軟實力根本是兩回事,經濟只是支持軟實力的重要條件,但不等同軟實力。

（三）由國家主導軟實力推動

軟實力是文明進化下的自然產物，充滿了個體主義的自主性，以及自由而鮮活的創意，但是中國建構的軟實力則是人為的產物，是一個由政府主導，集合中國資本、媒體、市場、政治力量的綜合設計，有著濃厚的集體主義色彩，以及僵化教條的特質，一旦軟實力由中國政府主導推動，那就不可能打造出軟實力了。筆者曾經認識一位建設公司老闆，其建築本業經營得很成功，卻跨足經營觀光飯店，並把經營建設公司一板一眼的硬梆梆思維帶進了飯店管理，以致飯店雖然有著很好的硬體建築，卻營造不出所需的溫馨歡樂氣氛，這其實和北京以硬實力打造軟實力的思維模式是雷同的。

▶ 遭到全球抵制的孔子學院和大外宣

孔子學院是中國打造軟實力的旗艦，也是中國文明體系和西方分庭抗禮的象徵。但是孔子學院帶來的，卻是大量的第一進化文明，除了本身是一個藉推廣文化之名，宣傳中共政治意識型態的機構外，也是情報和統戰機構，與其說孔子學院是一個教育文化機構，不如說孔子學院是一個政治機構來得更恰當些，其所從事的推廣內容和孔子幾乎沒有任何關係，而且漠視所在國的法律，把具有中國特色的那套黨國作風搬到國際社

會，這麼一來，和世界文明體系產生摩擦也就在所難免了。

　　原本北京推動孔子學院，意欲使其成為中國價值的門面，實際上卻適得其反，反而讓國際社會認清孔子學院所輸出的第一進化意識型態，以及黨國體制和打壓控制言論的作法，與西方社會的文明價值格格不入，最終引起各國強烈反感，導致多個國家關閉了孔子學院，並取消與孔子學院的合作關係，例如挪威與瑞典已經關閉境內所有孔子學院，美國關停的比例超過90％，隨著孔子學院的名聲敗壞，即便未關閉的孔子學院也難以再做為中國的文明招牌。

　　至於中共所推動的大外宣，則如同孔子學院一樣效果不彰，主要在於兩者都有著濃厚的官方背景，肩負著宣揚意識型態與政治使命的目的。大外宣一方面只從事有關中國正面進步形象的報導，一方面則是用中國的角度，試圖改變西方社會的認知。因此大外宣的報導往往是經過設計的，刻意美化的，甚至是虛假的，比如新冠肺炎蔓延全球，其它國家以高價向中國購買醫療和防疫物資，北京卻刻意地在其出口抵達購買國家時拍照攝影，並將其扭曲宣傳為對西方國家的人道援助，這種虛假不實的宣傳不但毫無加分效果，被揭穿後反而成了國際笑柄。

　　從大外宣、孔子學院、打造軟實力、科技彎道超車等，中共這些試圖以第一進化進入更高維度的努力，可謂以全面失敗告終。

第 九 章

排除中國的世界文明列車

　　西方國家認為，中國的強大對於世界不是什麼好事，中國文化是一種腐朽的文化，仍然停留在第一進化崇拜強者，欺凌弱小的動物本能階段，缺乏分辨是非的能力，也不具備現代的文明思想。中國除了經濟實力和軍事力量所帶來的威脅外，還包括了對世界文化、人類文明、自然環境、普世價值的腐蝕和破壞，這才是最可怕的。因此文明國家不能坐視中國對國際社會的滲透與破壞，必須積極維護讓世界正常運行的國際秩序，否則將導致人類社會的重大劫難。

▶「中國威脅」終於成為事實

　　多年來，國際社會始終存在著「中國到底是機會或威脅？」的爭論，而有關「中國威脅論」的言論也始終不絕於

耳，90年代，中國的經濟崛起和軍力現代化已經引起美國關注，美國智庫曾多次提出「中國威脅論」的研究，說明中國的政經與軍事發展，已有能力危及美國的國家利益。那時的中國還遠不如現在強大，也沒有能力改寫國際規則，但已經被美國視為未來最大的潛在威脅。

此一「機會或威脅」的爭論如今已經蓋棺論定，誠如美國國務卿布林肯所說：「中國是世界上唯一擁有各種能力，破壞或挑戰國際秩序的國家！」中國學者閻學通曾說：「為什麼中國做為1984年以來唯一沒有介入任何戰爭的大國，仍被看做威脅？我的理解，不是中國有什麼行為問題，而是中國是否加入西方俱樂部的問題。」事實上，中國近年來頻繁挑戰與破壞全球秩序，這已經不是加入西方俱樂部，或者文明國家看不得中國強大的問題，而是大家切身感受到中國愈來愈危險。

中國的戰狼外交惡名昭彰，甚至不乏露骨的威脅，刷新了文明國家的認知底線。前中國駐瑞典大使桂從友曾經對瑞典發出嚴厲警告：「我們以美酒招待我們的朋友，至於我們的敵人，我們以槍彈招待。」這種言論已經是赤裸裸的挑釁和恐嚇！2023年，在韓國選擇站在美國這一邊之後，中國駐韓大使邢海明發表：「有人賭美國贏，中國輸……現在賭中國輸的人將來會後悔。」此一言論具有強烈的威脅意味，遭到韓國朝野強烈抗議。類似的戰狼外交言論近年來層出不窮，中國對文明國家的恐嚇也愈來愈露骨，毫不遮掩。

美國人口研究所長毛思迪（Steven W. Mosher）指出，秦始皇兩千多年前建立的極權文化和大一統思想並沒有消失，這種文化和思想不僅在中國領導人身上體現，也展現在中國的外交政策中，這種大一統的零和世界觀才是對現行世界秩序的最大威脅，和俄羅斯相比，中國才是美國的「心腹之患」。文明國家長期以來缺乏警惕，對中國抱持綏靖態度，直到中國威脅變得非常嚴重，方才意識到問題的嚴重性。

▶ 喚醒沉睡的巨人

　　文明國家對中國多年的聽其言和觀其行後，不但坐實了西方的疑慮，更把中國定調為文明世界的頭號威脅，並且是最危險的對手。英國一位保守黨議員說：「並非是英國想要切斷與中國的關係，而是中國變得極不可靠，成了一個危險的夥伴。」美國認為，中國對世界的威脅與滲透已經超越過去的蘇聯，不但是美國歷來面臨的最嚴重威脅，甚至比恐怖主義來得更嚴重。在韓國，中國也已經成為民眾心目中威脅最大，也最不喜歡的國家；澳大利亞政府的一份機密報告，也將中國列為「最令人擔憂的國家」。

　　自從中美貿易戰後，世界所發生的重大事件，包括：新冠疫情、俄烏戰爭、台海緊張、南海紛爭等，所有具有爭議性

的重要國際事件，都和中國脫離不了干係，這讓愈來愈多文明國家警惕中國已不僅僅只是威脅，而是危及文明世界的重大挑戰。俄烏戰爭爆發後，中俄聯盟促成東西方文明國家的立場趨於一致，並形成「中國是最大威脅」的共識。

在蘇聯解體後三十年的今天，西方國家再度面臨中國這一新興大國與之對抗，但中國比蘇聯來得更危險，威脅也更爲全面。過去蘇聯除了在地緣政治和軍事競爭是美國的對手外，在經濟面，乃至於體制和意識型態層面，都不足以對文明世界構成威脅，但是中國的威脅卻是全方位的，以新冠疫情而言，西方國家懷疑這是北京所發動的生化戰，特別在疫情初期，幾乎每個G7國家都面臨了醫療系統崩潰的慘狀，各國死亡人數更超越一場眞正的實體大戰，如果說俄羅斯發動的俄烏戰爭是明戰，那麼全球新冠疫情很可能是一場暗戰。

2023年2月，中國間諜氣球入侵美國領空，引發美國朝野與民間的軒然大波，而這起事件最直接的影響就是：現實的「中國威脅論」終於有個具體的事證！氣球門事件不僅違反了國際法，更直接威脅了美國本土，引爆了美國輿論的炸鍋，美國認定高空間諜氣球事件是一種侵略行爲。2023年的 G7 峰會後，英國首相蘇納克表示：「中國對世界安全和繁榮構成最嚴峻的挑戰！」這意味著，文明國家已經將原本比較輕微的「中國威脅」，進一步升級成爲「嚴重挑戰」！

西方社會有著容易信任與天眞的特質，過去北京透過僞

裝與大外宣塑造形象，的確收到相當的效果，但是當自由世界認清中共的本質，以及其對於文明世界的傷害後，西方國家收回了對中國的信任，也結束了天真的想法，與中國的關係再也回不去了，對北京來說，最嚴重的莫過於中共的行動觸動了西方的警鈴，就像二戰時期日本偷襲珍珠港，喚醒了沉睡的巨人──美國！

▶ 文明世界的覺醒

當文明國家將中國定調為「世界的頭號威脅」後，即便北京再怎麼補救也無濟於事，因為西方國家對中國已經死了心，不再存有幻想。與十年前相比，國際社會對中國的觀感已經出現180度的轉變，當時國際對於中國仍然心存期待，許多文明國家對中國仍然非常友好，澳洲曾經因為過度親中引來美國抱怨：「你到底站在哪一邊？」如今文明國家對待中國的態度愈來愈一致，也愈來愈強硬，這種對中國觀感的改變與覺醒，可說是長期不斷疊加的結果，導致中國最後失去了美國，也失去了整個文明世界。

美國是最早體認到中國威脅的國家，也是最早對於中共本質覺醒的國家，在長期觀察與蒐證後，率先對全世界吹響警告的號角，揭露了中共在全世界滲透破壞的真相，即使對中國再

友善的擁抱熊貓派人士也無法否認這些證據，在這些真相前，美國朝野對中國再也不抱任何幻想，美國放棄了友善的和平演變做法，不再幫助視美國為敵人的中國，中國也從此失去了美國這位朋友，美國老大哥的覺醒和轉向，也帶動了其它文明國家的覺醒。

北京在華盛頓擁有最大和最有勢力的遊說團體，這些團體可以某種程度地左右美國政府，這些團體包括了許多美國退休的政治人物，涵蓋了美國所有最大跨國企業的大商會，包括了蘋果、亞馬遜、沃爾瑪等，這些企業過去不斷地為中國說好話，但是中國還是搞砸了中美關係，如今美國再也沒有立場親中的鴿派或是擁抱熊貓派，只剩下鷹派和屠龍派。同樣的，中國在歐洲也曾獲得歐盟商會大力支持，但中歐關係還是步上中美關係的後塵，向美國看齊。

▶ 中國的「塔西佗陷阱」

隨著美國揭露中國各種滲透的真面目後，西方國家先後對中國進行了大揭露。中共長期以來，透過藍金黃黑等手段滲透腐蝕西方社會的行徑紛紛曝光，包括了北京所推動的孔子學院和大外宣，也一一地被戳破，特別在俄烏戰爭後，北京內外不一的言行和顛倒是非的言論，屢屢被大翻譯運動揭穿，使得更

多的國家與民眾清楚地認識中共的欺騙本質，和其所宣傳的形象完全不符。在各種揭露後，從來不曾這麼多國家認清中共的真面目，中國的國際形象隨之一落千丈。

政治學有個「塔西佗陷阱理論」理論，其內容大抵是：倘若公權力失去公信力後，不論再怎麼說明，做什麼事情，社會都會給予其負面評價，當統治者一旦變得不受歡迎，其所作所為，無論是好的還是壞的，都會引起人們的厭惡，換言之，就是形象破產。如今中國已經陷入「塔西佗陷阱」，徹底失去國際信任，不管中共說什麼，都不再有人相信。

▶ 中西的分道揚鑣

中國近幾年與全球交惡，迅速成為文明世界共同抵制的對象，許多國家紛紛轉向，遠離中國，中國從曾經的冠蓋雲集，走到今日的孤獨落寞。在2022年的G20峰會上，睽違三年沒有出國的習近平，再也感受不到中國是一個超級巨星，也體會不到中國萬邦來朝的天朝地位，更多的是看到中國在國際社會的孤立處境。

以2008年北京奧運和2022年北京冬奧場景做一比較，就可進一步看出中國「十年河東，十年河西」的變化。2008年北京奧運開幕式，當時包括美國總統小布希在內，共有十幾位

一級國家領袖，以及八十多位國家領袖和政要出席，雖然當時中國也有人權問題，卻沒有任何一個國家呼籲抵制奧運，而開幕式上高舉大大的「和」字，展現中國融入世界的企圖，當時國際社會對中國抱持很高的期待。但是到了2022年的北京冬奧，參加的各國政要只剩一半，原本發達國家的臉孔不見了，取而代之的是和冰雪主題沒有關係的非洲臉孔，對照出中國的今非昔比。

蘇納克2022年提及：「中英關係的黃金時代已經結束！」他認為透過貿易可令中國出現社會和政治改革是天真的想法；而德國副總理哈貝克表示，新的對中政策「不再天真」，不能再被中國勒索。過去中國以為利用經濟利益可以收買西方國家，不行就用武力或戰狼外交恫嚇，如今這些手段不僅失靈，更導致西方國家的反感；加上彼此在價值觀上的衝突日益突出，使得中西之間愈行愈遠，國際大環境對中國越來越不利。

在中國網路上，有段時間不時出現「怎麼全世界都是中國的敵人？中國為什麼這麼孤立？」的抱怨，在新疆、西藏、香港問題上，世界大多指責中國；在南海衝突、中印衝突中，國際輿論也大多幫著對方說話，中國感受到前所未有的孤獨。這些言論透露了北京在全世界到處樹敵的後果，中國已經失去所有稱頭的朋友，過去英國、德國和韓國都是長期以來對中國非常友善的朋友，如今這些國家紛紛轉向，或者加入圍堵行列，或者對北京採取強硬立場。

▶「去中」已成全球共識

在確定中國是文明世界的頭號威脅後，文明國家展開了對中國的全面圍堵和脫鉤，整個國際社會的風向丕變，「去中國化」儼然成了世界潮流。

過去中國之所以獲得西方國家的大力扶持，在於中國表達了改革開放以及融入世界的意願，因而給了中國一張世界文明列車的車票。但是隨著中國崛起，中國非但不再融入世界文明體系，甚至大開文明倒車，挑戰世界秩序，既然中國不認可文明世界的規則，那麼文明世界也沒有必要再讓中國留在這個體系。如今中國已經被逐出這一班曾經為其帶來繁榮和崛起的文明列車，文明國家收回了原本對中國的系統性支持，包括了資金、供應鏈、高科技和人才培養等，中國已不再享有過去的待遇，而且愈是文明的國家，愈是遠離中國。

北京所堅持的共產主義意識型態，在西方國家眼中是反文明的，反潮流的，反普世價值的，這些年中國對世界造成的嚴重腐蝕和破壞，已經遠遠大過其所帶來的貢獻，隨著文明國家的覺醒，開始有計畫且按部就班地清除中共的影響力，各國紛紛進行立法與反制，同時產業供應鏈也進行前所未有的重組與脫鉤，如今「反中」不僅成為世界潮流，「去中」更是全球共識。

2023 年 G7 峰會，各國對中國的態度達成共識，表面上雖

無意與中國脫鉤，但同意在對中國關係上必須「去風險化」，促進供應鏈多元化，以免過度仰賴單一國家，雖然G7使用較為溫和的「去風險化」措辭取代「脫鉤」，實際上並未改變去中的趨勢。不論是「去風險化」或「脫鉤」，美國和西方國家意識到，新的全球列車必須具有共同的價值觀，有了先前和平演變這場豪賭失敗，造成中國威脅世界的慘痛教訓，發達國家將不再開放類似中國這樣的國家輕易加入文明列車。

▶ 人心的遠離

這些年，不只「去中」成了文明國家共識，「討厭中國」似乎也成了時尚，世界討厭中國的比例一年比一年高。從官方好鬥的戰狼外交，到民間在國際的不文明行為，再到網路上的民族主義仇恨言論，中國官方與民間行為在在凸顯了中國和世界的文明差距。「冰凍三尺，非一日之寒」，中國的不文明行為經過長期點點滴滴的累積後，造成中國的形象重創。前瑞典總理畢爾德曾說：「中國才是戰狼外交的最大受害者！」其實，回不去的不只是中國與西方國家的關係，各國民眾對中國的觀感也回不去了。

根據皮尤研究中心（Pew Research Center）2023年7月發布全球主要國家對中國的觀感民調，67%的受訪者對中國表示

看法負面，持正面立場的僅28%，換言之，全球2/3的民眾不喜歡中國，中國成為全世界最讓人反感的國家。在所有接受調查的發達國家中，負面觀點都處於歷史新高或接近歷史高點，其中日本、澳洲的比例高達87%，是全球對中國最沒有好感的國家，至於美國和瑞典也都超過80%，只有少數受訪的非洲和拉美國家正面看待中國。

　　皮尤研究中心的民調顯示，幾乎在每一個受訪國家的民調都顯示，中國領導人受歡迎的程度遠低於西方國家領導人，不喜歡中國領導人的民眾比例更高達四分之三；此外皮尤2022年的調查顯示，對中國最有好感的國家是俄羅斯，民眾對中國持負面看法的比例低於兩成，這也顯示第三進化和第一進化集團之間的兩極差異。

　　除了人心的遠離，有幾項驚人的數據，說明世界已經以行動遠離中國。2023年第一季，外國對中國直接投資下降至200億美元，銳減8成；至於入境旅客人次只有5.2萬，比2019年第一季疫情爆發前的370萬人次，雪崩近99%，以上顯示了資金和人員都已遠離中國。在通過「反間諜法」後，中國成為一個讓人感到陌生而危險的國度，許多外商公司擔心其外籍員工在中國的人身安全，擔心隨時可能因為間諜罪名被逮捕。從商務和旅遊的人數都呈現雪崩性的下滑，顯示今天的中國愈來愈封閉，當初那個讓人感到開放與安全的中國已經一去不返。

第 十 章

中西文明的終局之戰

在 2020 年之前，國際對待中國的立場和態度各有不同，但在 2020 年之後，各國態度則是趨於一致；特別是俄烏戰爭爆發後，確立了「第一進化 vs 第三進化」的對抗格局。除了俄烏戰爭外，雖然兩大陣營並未在其它區域爆發熱戰，但是彼此都在做最壞的打算，至於沒有硝煙的戰爭如：貿易戰、貨幣戰、科技戰等，不但早已開打，而且愈演愈烈，已然成為一場世紀文明之戰，中國身處第一進化集團的核心，順理成章的成為第三進化集團的重點目標。

▶ 美國夢 vs 中國夢

先前就曾提及中國夢和美國夢在進化本質上的差異，「中國夢」是「我們的夢」，而「美國夢」則是「我的夢」！ 因此

「中國夢」是典型的集體主義，其終極目標是「中華民族的偉大復興」，可謂當今「第一進化」文明的代表；而「美國夢」則是典型的個體主義，是當今「第三進化」文明的代表。兩者最大的不同之處在於：中國夢的本質是回到過去，推行極權控制與個人崇拜，無法對當代文明做出進步貢獻；而美國夢則是創造未來，追求個人的興趣與理想實現，也是當今推進世界文明向前進步的最主要動力。

茲就中國夢與美國夢的比較如下：

「中國夢」與「美國夢」的比較

	中國夢	美國夢
進化階段	第一進化	第三進化
進步性	恢復歷史的榮耀與領土回到過去與守舊	創造未來的榮耀向前看，邁向未來
創造性	山寨模仿	創新發明
目的	實現統治者的願望與野心	實現個人的理想與願望
追求目標	國家的夢，民族的夢，簡言之，就是「我們的夢」，這是一個團體的夢，並非個體的夢。	純粹是「我的夢」，一個只屬於自己個人的夢，和國家民族或其他人沒有關係。

「中國夢」與「美國夢」，分別代表了中西兩種不同典型的文明體系。「美國夢」追求民主自由，並不強調偉大的敘事和

口號，個體的財富和自由得到充分保障，提供實現個人夢想的環境，因此美國夢成爲個體的樂園。而「中國夢」崇尚專制獨裁，雖然有偉大的敍事和口號，得利的卻是少數統治階級，實現的是統治者的夢想，民主自由和人權更是奢望，這使得「中國夢」成爲個體的惡夢。「中國夢」和「美國夢」兩者在文明本質上存在著明顯差異，各自孕育出不同的價值觀，各自建立不同的制度。

「中國夢」，其實並不是中國人的夢，而是中共的夢，是古老的帝國夢，這使得中國夢不可能成爲世人所嚮往的追求。當「中國夢」試圖取代「美國夢」成爲世界主導時，那麼就會成爲世界威脅，引爆文明價值之戰。畢竟西方國家在長期爭取自由的歷史中，付出了無數生命與鮮血的代價，戰勝與馴服了專制獨裁，方才享有今日的民主自由，這已深深地鑲嵌在其基因當中，一旦有任何國家試圖將他們帶回到專制獨裁，那麼就會是所有文明國家的共同敵人！

▶ 現代文明之戰 3.0

集體主義、等級制度和家天下文化等，是數千年來中國統治者所賴以統御人民的手段，牢牢地控制了人民的思想與生活，而現代文明爲中國人民帶來了思想觀念的轉變，動搖了

中國專制統治的基礎。簡而言之,當今世界文明的最大矛盾在於:第三進化國家想要透過和平方式,提升第一進化國家的文明維度;反之,第一進化國家為了維持威權體制,所以透過各種滲透與破壞手段,試圖降低第三進化國家的文明維度。

古希臘著名歷史學家修昔底德認為,當崛起的新興大國與舊有霸權競爭時,雙方最終往往訴諸戰爭手段解決,這種現象被稱為「修昔底德陷阱」。在中國大肆鼓吹「偉大的民族復興」之際,北京認為中國遲早將稱霸全球,中美之間最終不免一戰。因此,中國進行許多取代美國的長期計畫,最終目標則是在21世紀中葉取代美國成為超級大國,這項計劃被視為「百年馬拉松」,指中美之間將持續進行長期爭霸。

「修昔底德陷阱」其實是個偽命題。當雙方具有足夠的文明高度時,這種情況就不會發生,這種陷阱只存在於第一進化的思維,認為在霸權更迭時,必須打一仗以確定天下誰屬,這是典型的「成王敗寇」邏輯;但是當雙方都進入第三進化,就不須再透過戰爭決定霸權誰屬,而是透過經濟、科技、綜合國力等更文明的博弈。二戰前的英國曾經是世界霸主,二戰後美國開始崛起,由於美英之間的綜合國力已有明顯差距,加上兩者都是文明國家,所以這次的霸權交替並未透過戰爭,而是以和平方式轉移到了美國,創造了一次成功的霸權交替,這也是為什麼西方國家希望和平演變中國的重要原因。

中西文明之戰,其實是一場「中國文明體系 vs 世界文明

體系」最高層級對抗，牽動全方位的較量，包含了三種進化面層面的各種角力，使得雙方進入無限期的競爭，兩個陣營都必須做好長期對抗準備，儘可能的揪團。這場文明之戰最終可能以傷害性較低的方式解決，例如中國的崩潰或失去競爭力；但也有可能以傷害性較大的極端方式落幕，如一場大規模的實體戰爭，不論如何，這一場文明之戰已在如火如荼地進行中。

文明之戰所涵蓋的層面

第一進化層面	第二進化層面	第三進化層面
• 軍事戰爭 • 間諜戰 • 核訛詐，核威脅 • 自然資源戰	• 供應鏈脫鉤 • 貿易戰 • 金融戰 • 科技戰	• 意識型態之爭 • 制度之爭 • 生活方式之爭 • 認知戰

▶ 最高位階的文明價值

過去北京以經濟利益和開放市場等誘因，吸引西方國家和中國交好，甚至藉此分化西方國家，或讓其對中共侵犯人權的行為噤聲；如果利益無法收買，就祭出經濟制裁，迫使被其威脅的國家就範。以上這種軟硬兼施的手法，可謂無往不利，但近年來邊際效用卻愈來愈低，許多文明國家愈來愈強調彼此具

有共同價值的重要性，一個有價值和信念的國家，是不會輕易被收買的，必要時寧可犧牲經濟利益。雖然各國樂見中國帶來的經濟效益，卻不想成爲像中國一樣的專制社會，愈來愈多的國家認識到，北京再多的讓利，也比不上維護民主自由和國家安全來得重要。

由於中國從來沒有進入第三進化，北京顯然低估了西方國家對於核心價值的堅持。例如在 2022 年歐洲議會進行關於新疆人權的決議，最終以 513 票贊成、1 票反對的壓倒性票數通過。同年歐洲議會也曾以 585 票贊成、46 票反對的絕對多數，通過「香港基本自由遭受侵害決議案」。以上兩項投票結果，關乎了文明國家兩種崇高的價值，分別是人權與自由，這一近乎全數贊成的票數在民主國家難得一見，可見在最高位階的文明價值前，西方國家的立場是多麼一致，沒有矛盾和分裂，也不畏懼北京的外交和經貿報復。

過去負責美國外交戰略的布里辛斯基（Zbigniew Kazimierz Brzeziński），曾經提出「大西方世界」戰略規劃，其核心內涵在於建立一個「大西方世界」，此一概念突破傳統地緣政治的「西方」概念，從北美、歐洲、土耳其、中亞到東北亞，這些地區都是實施普世價值的國家，因此稱其爲「大西方世界」，他特別強調要在這些地區重塑普世價值觀。顯然地，「大西方世界」刻意地將中國和俄羅斯排除在外，事實上，這一概念也是圍堵中國戰略的終極版。

「大西方世界」這一概念在2021年首度舉辦的「民主峰會」呈現具體的雛型，共有110個國家或地區受到邀請，但中國和俄羅斯都被排除在外，民主峰會對中俄的針對性不言可喻。拜登在會議中提出了「全球民主共同體」的概念，強調堅持共同價值，包括了：正義和法治、言論自由、結社集會自由、新聞自由、宗教自由以及人權，拜登所提及的都是第三進化領域的重要內涵，卻也是第一進化國家的軟肋。而2023年第二屆民主峰會的舉辦，代表著這一以價值理念為依歸的國際會議正式常態化。

　　西方國家從未像今日這樣團結，也從未如此的厭惡普世價值被侵犯。雖然北京在歐洲和日本等文明國家投入大量資源經營關係，並見縫插針地分化其和美國的關係；但是當美國揮舞普世價值的大旗時，這些國家紛紛放下和中國之間的經濟利益，回歸最高價值陣營，即便北京開出再好的條件也無力阻止。美國和盟友之間，或許存在經濟利益矛盾，卻沒有價值和安全矛盾，因此當經濟矛盾碰到價值矛盾時，很顯然的，價值的重要性遠遠超過經濟。

　　德國曾經是西方最親中的國家，加上德國在中國投資金額龐大，因此和美國的經濟利益矛盾比較明顯，但是在面臨文明價值和經濟利益的取捨時，德國開始疏遠中國，德國總理舒茲在訪問中國時曾說：「中德兩國之間存在著區別！」其實這個區別就是雙方在價值觀上的差異，這番話代表德國優先選擇文

明價值。而德國之聲更明白地說：「現在已經不是爲了錢，什麼都可以犧牲的年代！」當親中的德國將文明價值放在第一位，更不用說其它文明國家的立場，文明國家強烈意識到：如果不能堅持文明價值，不但將失去經濟利益，甚至將失去一切！

▶ 美中選邊站

歐巴馬時期，美國對中國實行「亞太再平衡策略」，當時多數國家抱持著「經濟靠中國，安全靠美國」的立場，希望中美相互制衡，並從兩邊撈取好處，不願在中美之間選邊站。隨著「第一進化 vs 第三進化」的對抗形成，文明世界和中國不論在價值、經濟和安全各種層面，各自形成兩種截然不同的體系，各國只能在「中國文明體系」和「世界文明體系」選擇其中一種，不論在中美供應鏈，或者是半導體制裁，各國也都必須選邊站。

若就中美進化層面比較，在第三進化部分，中國缺乏現代價值體系，因此在價值觀的站隊上，各國多半選擇美國所代表的「世界文明體系」。在第二進化部分，隨著中國投資環境惡化，經濟不斷下行，對於各國的吸引力不若以往。在第一進化部分，中國崇尚強權，和周遭國家幾乎都存在著主權爭議，三不五時就爆發軍事對峙，這讓鄰國感到惴慄不安。反觀美國則

是沒有領土野心和主權爭議，當中國周邊鄰居不得不選邊站的時候，基於主權以及安全考慮，大多選擇站在美國這一邊。

在中美選邊站的抉擇中，澳洲總理莫里森曾做出一個貼切的比喻，他說：「美國是朋友，中國是客戶。」當然在朋友和客戶的選擇中，孰輕孰重，不言可喻。過去中國以大撒幣收買的朋友，大多是利益之交，嚴格說起來，彼此只是客戶關係，算不得真正的朋友；反觀美國的朋友，多半基於志同道合，具有共同的理念和價值，因此當面臨選邊站的考驗時，這時就可看出客戶和朋友的分別。面對「文明 vs 野蠻」的選邊站，對多數國家來說，這一道選擇題其實並不難。

▶ 美國的盟友優勢

在兩大陣營的對抗中，不但比誰的盟友多，也比誰能得到更廣泛的支持。至於盟友的定義為何？美國「外交政策」一篇文章說道：「從意識型態層面來說，盟友就是和美國具有同等價值觀的國家；從戰略層面來講，美國的盟友在各種衝突中與美國站在一邊。」而美國無疑是當今最具盟友優勢的大國，這一點在中美文明之爭中一目了然。

美國在世界各國所建立的軍事基地超過了800個，超過140個國家允許美國駐軍，數量驚人，為什麼這些國家允許美

國駐軍？難道不擔心美國侵害主權嗎？美軍基地和駐軍看似有損主權，但是所在國卻得到遠超過自身能力的安全保障，而美國文明國家的形象，比其它大國來得更具說服力，更重要的是，美國和許多盟國之間有著共同的文明價值與信念，彼此間高度互信，各國並不擔心美國會侵吞自己，美軍的到來不僅帶來安全保障和經濟利益，更讓他們節省一大筆軍費開支。

盟友是國際關係當中國家關係最好的水平，有的盟友以利益結盟，有的基於安全結盟，有的則是以共同價值結盟，這也是所有盟友關係當中最堅實的一種；美國的核心盟友許多是志同道合的第三進化國家，這種層級的盟友難以挖角與離間。而美國絕對的盟友優勢，使得美國不用靠硬實力單打獨鬥，一旦要真刀真槍上陣時，隨時有兩肋插刀的盟友相挺，許多西方國家常常掛在嘴邊上的一句話就是：「我們享有共同的價值！」這句話可不是隨便說說，當遭遇危機時，這句話就轉換為患難之交。

中國經常感嘆交不到真心的朋友，相對於美國，中國好朋友的質與量遠不如美國，為什麼中國缺少堅實的盟友？主要在於中國缺乏被世界認同的制度與價值，因此沒有辦法用共同理念結交朋友，當國際面臨選邊時，就會出現被孤立的情況。中國打破孤立的方式，往往透過大撒幣拉攏其它國家，這種利益之交缺乏互信基礎，一旦無利可圖，就會失去這些朋友，事實上這些國家也難以達到盟友的水平，不似美國和其盟友往往是

基於共同理念的結合，價值取向超過利益取向，這也是爲什麼在選邊站的競爭中，當代所公認的文明國家始終都不在中國盟友名單內。

▶ 時間站在文明這一邊

中國對西方所具有的優勢，主要是「量」的優勢，而西方對中國，則是「質」的優勢，過去清朝與西方之間的戰爭，存在著巨大的文明維度差距；今日東西方的文明之爭，儘管物質文明差距已經大幅縮小，但觀念與文明品質的差距依然巨大，這也才是決定這一場文明之戰成敗的關鍵。

澳洲洛伊研究所自2018年首次發表「亞太實力指數」以來，中國在多項領域不斷迎頭趕上、甚至超過美國；洛伊研究所更預測到2030年，中國生產總值將是美國的兩倍，穩居亞洲最強大國家。隨著近幾年國際情勢巨變，其2023年發表的報告顯示此一趨勢已經出現逆轉，中國經濟成長幅度下滑、各類矛盾日益突出，中國已不太可能在本世紀超越美國。事實上，在這一場中西文明之戰開啟前，充斥著「21世紀將是中國世紀」的論調，如今各方紛紛修正原先的預期，而看好中國的聲音也已逐漸沉寂。

這場中西文明終局之爭即便短期有所緩和，但結構性的對

抗格局是不會改變的，除非一方做出大幅讓步或轉向，否則將持續到其中一方落敗爲止。就目前整體的形勢，文明國家除了先天所擁有的文明維度優勢外，在實際對抗的過程中，也已逐漸取得優勢，當然中國比過去更強大，更有能力，但從續航力來看，時間顯然站在文明國家這一邊，畢竟當前的國際秩序、經濟系統、科技標準，都建築在西方體系上，一旦中國徹底被排出「世界文明體系」，除非有能力另建一套完整的「中國文明體系」，不然就會走向衰退，這正是中國今天所面臨的困境。

姑且不論西方文明體系好不好，但畢竟通過考驗並被世界多數國家所接受，更累積數百年的運作基礎和經驗。而中國崛起看似帶來一種新興的模式，但背後還是必須依賴西方體系的支持，並非眞的基於社會主義制度的優越性。當中國想要提出一種戰勝西方的制度，建立和西方國家等量齊觀的「中國文明體系」，既缺乏扎實的演進過程，也缺乏各個領域的深厚基礎，這就像中國想要建構一套「一切自己來」的半導體生產體系一樣的不切實際，因爲中國並不具備這樣的整體條件和實力。

當中國與西方體系脫鉤後，至今中國仍無法擺脫對於西方高科技和金融貿易體系的依賴，經濟更是出現了肉眼可見的快速下滑，所以當雙方走向全面對抗後，對中國的長期傷害是顯而易見的，伴隨著經濟慘淡，中國的綜合國力必然逐漸下滑，現實中，中國「大打大贏，小打小贏」的可能性並不存在，這

種天眞的心態就像俄羅斯入侵烏克蘭，以爲幾個星期內就可以打垮烏克蘭，眞實的情況卻是俄羅斯在軍事上節節敗退；同樣的，除了尚未爆發軍事熱戰，中國在各個領域也是節節失利，綜合國力明顯被削弱，而站在文明這一邊的力量卻越來越強大。

2023 年初，中國放開疫情管制，原本千瘡百孔的經濟預期將逐漸恢復常態，沒想到迎來的卻是每下愈況，中國的衰微已是現在進行式。隨著中美之間的對抗力度加大，中國能否持續這麼高昂的對抗代價，以及堅持長期高張力的對抗，不無疑問；同一時間，另一個第一進化大國俄羅斯，在俄烏戰爭爆發滿一年之後，敗象已露，預料終將以失敗告終。如今文明國家已經掌控大局，未來將把全副精神轉移應付中國，屆時中國勢必將面臨倍增的對抗壓力。

面對俄羅斯搖搖欲墜，以及中國快速衰退的現實，中國的身段和姿態已經出現放軟的跡象，但只要中國的路線和文明維度不變，整體趨勢不致出現根本改變。

台灣篇

TAIWAN

第 十一 章

「第三進化」與
台灣「新民意」

這十年來，台灣民意的板塊結構出現了翻天覆地的變化，其中最重要的莫過於台灣出現了一種新的民意板塊，和藍綠基本盤鼎足而立，我們不妨將此一板塊名之為「新民意」。「新民意」的出現不僅改變了台灣的政治生態，更決定了台灣未來的方向。

▸ 台灣的三種文明進化階段

如果我們以三種進化的觀點看台灣的文明進化過程，大致可以用三十年為一個單位，將台灣從 1950 年代中華民國遷台以來，區分為三大階段：

	1950年	1980年	2010年

分類	第一進化	第二進化	第三進化
時間	大約 1950－1980	大約 1980－2010	大約 2010 迄今
社會型態	農業社會	工商社會	公民社會
政治體制	威權體制	從威權走向民主但民主內涵尚不成熟	自由民主
發展狀態	介於未開發國家和開發中國家	開發中國家	已開發國家
產業型態	早期以農業經濟為主，中期進入輕工業，後期進入重工業	服務業逐漸發展，高科技產業開始萌芽與茁壯	高科技產業屹立世界，成為半導體和AI產業的全球重鎮
兩岸關係	相互敵對，拒絕往來	從敵對走向緩和與交流，經濟面往來熱絡，政治面保持距離	從緩和走向緊張，交流互動趨於冷淡

第一進化階段（大約1950－1980）

1950年後的第一個三十年，可說是台灣的第一進化階段。當時中華民國從大陸撤遷來台，台灣百廢待興，整體進化處於落後的農業社會狀態。在經濟面，初期以稻米砂糖的農業經濟為主；60年代起，台灣輕工業發展快速，勞力密集產業

開始興起，如紡織、製鞋、食品等產業蓬勃發展；到了70年代，台灣推動十大建設，建立了重工業和石化產業，奠定了台灣的工業生產基礎。台灣由於經濟起飛的成就斐然，與香港、韓國、新加坡並列亞洲四小龍。

儘管經濟成績耀眼，但在政治面，這一時期台灣仍然維持專制獨裁統治，當時威權政府對人民實施嚴密監控，打壓民主自由，對於反對政府或持不同政見者，如主張台灣獨立或左翼思想者，都曾進行政治迫害。整體而言，就台灣的政治面來看，台灣這一階段處於典型的第一進化，但是從經濟面來看，這一階段的後期，台灣已逐漸蛻變爲第二進化。

第二進化階段（大約1980－2010）

這時的台灣已由農業社會進入了繁榮的工商社會。1980年代，台灣成立了新竹科學工業園區，發展積體電路和電腦等高科技產業，成爲個人電腦製造大國，奠定台灣成爲今日半導體王國的基礎。1990年代，台灣勞力密集產業由於人力、土地、環保等因素，大舉西進前往中國投資，中國巨大的磁吸效應，造成台灣經濟發展趨緩，就業機會減少，但也因此開啟了兩岸交流的新時代。

在政治面，隨著台灣經濟發展和社會富裕後，人民開始要求進行政治改革，推動民主自由，追求民主自由成了台灣社會共識。90年代前後，台灣實施了一連串政治改革，開放了黨

禁與報禁，允許言論自由，人民可以集會與抗議，解除了象徵威權時代的戒嚴令，繼而廢除國民大會與推動總統直選，台灣以和平不流血的方式，完成了由威權體制到民主體制的轉型，這一過程被稱之為「寧靜革命」。台灣實施民主初期，文明素養尚不成熟，導致社會嚴重對立，台灣整體發展仍然處於開發中國家，雖有民主選舉，尚還處於摸索階段，因此將這時期的台灣歸類於第二進化。

第三進化階段（大約2010起）

這一階段，台灣已經成為已開發國家，產業型態已經升級為高科技和服務業為主，而高附加價值的高科技產業成為台灣的經濟中堅，其中半導體和AI產業占據全球的翹楚地位。在政治面，台灣的民主政治制度和選民素養都已具備基礎，進入了公民社會，台灣正式邁入了第三進化，躋身成為一個現代文明國家。

▶「基本盤」

為了方便接下來的說明，茲將台灣推動民主政治之後，台灣的民意板塊簡單歸納為以下類型。

三種主要民意板塊的差異

	基本盤	經濟選民	新民意
進化階段	第一進化	第二進化	第三進化
意識型態	意識型態堅定	意識型態淡薄	意識型態不明顯
認同取向	國族認同	經濟認同	價值認同
顏色光譜	非藍即綠	淺藍淺綠與中間民意	可藍可綠或不藍不綠
屬性	二元性	中間性	多元性

　　台灣在政治民主化之後，並非立即成為一個第三進化的成熟國家，多數民眾尚停留在第一進化的意識型態，也就是所謂的「基本盤」，下意識地在「藍vs綠」、「統vs獨」、「中國vs台灣」、「本土vs非本土」的劃分中選邊站。另外則有一批政治意識型態較淡薄的選民，以追求經濟發展為優先，這批選民可稱之為「經濟選民」，成為台灣民主初期最主要的兩種民意結構。

　　第一進化的選民可說是「基本盤」，有著堅定的政治意識型態，其政治立場和認同屬性不易變更，而藍綠在台灣各自擁有穩固的基本盤，一者傾向大中華認同，一者傾向台灣認同，雙方在國家與族群認同上缺乏交集，形成了「大中華」和「台灣」兩種認同的對撞，每逢選舉，總會問是不是「愛台灣」？是不是「台灣人」？是藍的還是綠的？站在同一邊的就是朋友

與同志，如果不是，就是對手。

基本盤可說是兩黨的鐵票部隊，但支持者容易流於「只問顏色，不問是非」，很容易受到政黨意識型態的操縱和綁架，就算自己認同的陣營再不好，也要含血含淚支持，變節支持對立陣營是不被允許的，因為這被視為一種背叛行為，離開基本盤必須承受非常大的內心壓力，以及所屬同溫層的異樣眼光，使得藍綠雙方的基本盤在很長的一段時間內，都維持著相當穩定的狀態。

彼時由於台灣社會充斥著「民主vs專制」、「本土vs非本土」、「台灣vs中國」的劃分，每到選舉的時候，各式各樣的二分法紛紛出籠，強迫民眾選邊站，搞得台灣支離破碎。這些劃分就像分蛋糕，不論怎麼切，最後只要蛋糕超過一半就好了，各種切割使得台灣社會嚴重撕裂，特別是九〇年代，藍綠板塊大約是7：3，基本盤處於劣勢的民進黨為了獲勝，必須想方設法分裂國民黨才有獲勝可能，不論是1994年的台北市長選舉，或者是2000年的總統大選，民進黨都是靠著國民黨的分裂而贏得選舉。

至於原本一黨獨大的國民黨歷經幾次重大分裂，加上民進黨贏得幾次重要選舉後，拉近了兩黨的政治版圖，雙方基本盤差距愈來愈小，這時基本盤投票率高低就成了選舉成敗關鍵，藍綠雙方不惜動用各種負面手段，包括製造危機和恐嚇，或者是打告急牌和悲情牌，藉此凝聚深藍與深綠的基本盤，迫使淺

藍或淺綠歸隊，再想辦法爭取到一定比例的中間民意，以上成了贏得選舉的公式，但卻把台灣社會推向非理性的選擇，回到第一進化基於生存與安全的本能思考，例如陳水扁任內，民進黨屢屢挑起統獨議題挑釁中國，便是訴求危機與恐懼的典型策略。

當時台灣因為藍綠各種切割，什麼都被劃分成兩大塊，形成了典型的二元性社會，造成嚴重的內耗與空轉，大到國家與社會，小至家庭，都可能因為政治取向不同而反目，因政治意識型態不同而分裂，這種情況曾被戲稱為文化大革命的台灣版。知名導演吳念真曾經在受訪時表示，台灣最討厭的就是「什麼都要分藍綠，煩死了！」

▶「經濟選民」

如果說基本盤是第一進化選民，那麼經濟選民就是第二進化選民。

基本盤並非民意的全部，許多民眾對於藍綠惡鬥深感厭倦，從而逐漸衍生出新的「經濟選民」，以經濟發展為優先，這也是台灣社會進入第二進化後的必然。經濟選民在政治立場上相對溫和，意識型態也相對淡薄，成為淺藍或淺綠，乃至於中間選民。隨著經濟選民的出現，台灣再也不是什麼都被一分

為二，在藍綠之外，台灣社會找到了一個新的交集——經濟，經濟也成了台灣社會的最大公約數。

隨著時代發展，經濟選民愈來愈多，具有左右選舉勝負的影響力，然而經濟選民並不足以改變基本盤主導的局面，台灣的藍綠對立依然持續，民眾仍然無法脫離意識型態的綁架，例如柯文哲就感嘆：「台灣被不到6％具有強烈政黨色彩（統獨）的人綁架。」許多經濟選民雖然在理智上脫離了藍綠，但在情感與意識型態上，仍未脫離第一進化，只要藍綠訴諸危機與恐嚇，經濟選民就會暴露缺乏自主性，意志不夠堅定的缺陷，從而在選擇時回歸基本盤。

▶「第三進化」與「新民意」

在二元社會中，民眾除了「非藍即綠」、「非統即獨」的選項外，幾乎沒有其它選擇，愈來愈多的民眾在反覆投藍和投綠的過程中，發現怎麼選都不對。這就像某位副總統曾經問一位到北京開演唱會的女歌手，如果兩岸開火，到底是北京演唱重要？還是捍衛2300萬人民的安全重要？在這種二選一的選項中，怎麼回答都不對，要嘛得罪北京影響演唱會；要嘛得罪台灣民眾。即便經過政黨輪替後，這類意識型態的選項依然充斥著台灣社會，而民眾關心的民生問題卻不見改善。在經歷一次

又一次的希望破滅後，民衆對藍綠惡鬥的忍耐達到了極限。

　　爲了尋找新的出路，台灣社會出現了不同的嘗試，當藍綠沒有辦法解決台灣困境，民衆很自然地把希望投射到新興的第三勢力。這些年來，台灣各種「第三勢力」紛紛冒出頭來，包括了新黨、親民黨、台聯黨、時代力量、民衆黨等，希望接收不滿藍綠的廣大民意，第三勢力成了不滿藍綠民意的宣洩出口。

　　以上的時空背景，形成了一個孕育「新民意」的大環境。這種「新民意」和基本盤與經濟選民截然不同，它是一種更進化的民意，具有典型的第三進化特質，因此稱其爲「新民意」，它是一種不曾在台灣出現過的民意板塊，台灣社會一般將其視爲「中間民意」，但「新民意」和「中間民意」有著本質上的不同，這一部分稍後解釋。

　　「新民意」橫空出世的時間大約在2015年前後，不同於基本盤強調國家與顏色認同，以及經濟選民注重經濟發展，新民意更注重價值認同，具有獨立性思考、高度自主、理性客觀的特質，政治立場可藍可綠，或不藍不綠，或者採取中間立場，新民意的出現，爲台灣社會帶來了跳脫藍綠意識型態綁架的契機。

▶「新民意」是更進化的民意

　　爲什麼說「新民意」是更進化的民意呢？

首先，新民意更注重價值觀和生活方式，進入了「公民社會」階段。新民意堅持價值觀不能妥協，這一點在兩岸議題上尤為突出，新民意不因北京的經濟利誘或武力威脅而妥協，反而認為失去價值觀和自由意志，終將失去經濟發展與國家安全。

其次，雖然藍綠雙方都帶有一定的集體主義色彩，但新民意卻具有高度的個體主義和自由主義的傾向，新民意並非藍綠的意識型態所能綁架，這與經濟選民只能部分擺脫藍綠控制有所不同，新民意徹底脫離了藍綠的操控，成為真正獨立自由與自主選擇的個體。

第三，新民意跳脫了狹隘的國族認同綁架，國族認同價值是典型的第一進化產物，但是新民意和普世價值接軌，打破國界與種族的劃分，一旦進入這一層次的廣闊視野，就再也不會被塞回狹隘的國族認同框架中。

第四，新民意真正實現了超越藍綠，不論藍綠打什麼恐嚇牌、悲情牌，新民意都不為所動，反倒是新民意卻可以階段性地支持藍綠其中一方，藍綠不曾面對這類可藍可綠，也可以不藍不綠的民意，原有的基本盤思維無法再適用於新民意。

新民意的出現對台灣文明進化有著劃時代的意義，這是台灣社會正式進入第三進化的重要里程碑，除了打破藍綠政治壟斷，更將台灣推進至多元化選擇與公民社會的新時代。從進化的過程和選擇的關係來看，台灣在第一進化時期，只有國民黨

所提供的單一選擇；到了第二進化後，則有藍綠或統獨的二元性選擇；等進入第三進化階段，台灣社會則擁有了第三種或更多的選擇，結束了第一和第二進化只提供有限選擇的時代，台灣自此邁向一個容許多元選項的新紀元。

▶ 新民意，不等同中間民意

早在2000年開始，中間民意的輪廓就已浮現，雖然中間民意看似龐大，卻始終無法成為關鍵性的影響力量；直到2014年「九合一」選舉後，各界才意識到中間民意已經形成巨大板塊，竟然足以和藍綠鼎足而立，成為三分天下的局面。事實上，這一時期的中間民意和早期的中間民意，在內涵上已經有了很大的不同，後期的中間民意不如說是新民意來得更恰當些，雖然兩者之間有著很大的重疊性，但是透過新民意的角度和本質，我們才能看出台灣大環境的變化。

到底中間民意和新民意兩者有何不同？

首先，中間民意是一種抱持中間立場，不支持藍也不支持綠的民意統稱，凡是不支持藍綠、不投藍綠、不滿藍綠的，就被視為中間民意。但是新民意卻可藍可綠，也可以不藍不綠，更吸納了部分淺藍與淺綠的民意，這是兩者之間最大的差異。

其次，從進化階段來看，中間民意在進化特質上比較不明

顯，讓人感覺很虛幻，沒有明顯的政治立場和理念，很多人對政治的態度是消極的、冷漠的、失望的、無奈的、不投票的，認為自己無力改變政治生態，所以中間民意看似龐大，實際影響力卻不大。而新民意則是具有明顯的第三進化特質，可說是中間民意的進化版，有著高度的自主性和判斷能力，比中間民意更願意去改變台灣的政治生態與社會環境。

第三，如果說中間民意抗拒藍綠綁架，那麼新民意就是反綁架。中間民意認為藍綠可說是天下烏鴉一般黑，對於藍綠的政治操作刻意保持距離，但這只能消極地免於被綁架；但是新民意卻可以階段性的支持藍綠其中一方，如果哪一方脫離了新民意的期待，那麼就會狠狠地被修理，而操作對立和恐嚇，非但影響不了新民意，反而只會引起新民意的反感。換言之，新民意一改中間民意的被動，重新拾回了政治的主動權，成為馴服藍綠權力傲慢的新勢力。

第四，中間民意是鬆散的，缺乏中心理念的，因此很難集結發揮真正的影響力；但是新民意看似沒有組織，卻像有組織，看似沒理念，卻像有理念，新民意彷彿有種協作默契，呈現高度一致的投票傾向，使得近年來的台灣選舉不斷出現一面倒的結果，被稱之為「海嘯現象」。以往中間民意缺乏支持藍綠之外選項的能量，但是到了新民意崛起後，鬆散的民意開始凝聚，其能量不單足以支持藍綠之外的選項，更足以改變選舉結果。

▶「海嘯現象」與基本盤的萎縮

自從新民意出現後，台灣的選舉屢屢出現不合邏輯的「海嘯現象」，每隔兩年的選舉周期，可以讓藍綠其中一方有如風捲殘雲般的大勝，讓另一方墜入慘敗的深淵，而且票數來回差距高達數百萬之譜，甚至被稱為最「藍」的都市台北，以及最「綠」的都市高雄，都曾出現變天的結果，這種現象是台灣自民主選舉以來所不曾有過的現象。

「海嘯現象」不但讓藍綠困惑不已，也讓藍綠感到敬畏，只要新民意支持藍綠任何一方，就會產生海嘯式的選舉結果，而「海嘯現象」的出現，不但顛覆了藍綠兩黨的基本盤邏輯，也成為制衡藍綠政治路線偏差的最有效武器。「水能載舟，亦能覆舟」，事實上，海嘯現象是台灣社會擺脫藍綠的自救方法，也是一種置之死地而後生的手段，這股新民意不但不會含淚投票，更可隨時化身為海嘯，沒收藍綠的政治版圖。

在新民意崛起後，原本過去鐵板一塊的基本盤開始出現重大變化。隨著進入第三進化的民意愈多，停留在第一和第二進化的民意相對就愈少，造成基本盤大幅萎縮，近年來基本盤對台灣社會的影響力逐漸弱化，不似過去主導了台灣的政治格局，雖然藍綠鞏固基本盤的政治操作依然重要，但邊際效用愈來愈低，畢竟基本盤反映的是過去的民意，新民意反映的則是現在與未來的民意。

當新民意突破了「非藍即綠」的二元框架後，即便有著藍綠基本盤加持的候選人，也不再是當選保證，「選人不選黨」取代了過往的「選黨不選人」，導致許多大爆冷門的選舉結果，台灣政壇不但出現了許多年輕的新面孔，只要搭上了順風車，就算是素人都會起飛，這些現象都和新民意的茁壯有著莫大關係。

　　到底新民意的板塊有多大？或說新民意和藍綠三分天下，或說新民意超越藍綠，但不論如何，新民意的巨大影響力已是不爭的事實，雖然各方政治勢力都想收攬新民意，卻都做不到，為什麼？答案其實很簡單，因為包含藍綠和第三勢力在內，當其思維仍然停留在第一和第二進化時，企圖以舊的觀念捕捉新民意，或把新民意塞進舊的意識型態框架中，這當然行不通，因此各方雖然看到眼前的新民意，卻都無法把握或收攬新民意。

▶ 決定台灣未來的關鍵民意

　　過去基本盤決定台灣選舉的成敗，如今則是「新民意」決定選舉成敗，只憑基本盤當選的時代已經結束。在藍綠板塊都不可能單獨過半的情況下，只要新民意倒向任何一方，就會決定哪一方是勝利者；如今若要贏得台灣選舉，就必須獲得新民

意的支持，誰更符合新民意的階段性期待，就可得到更多的新民意支持，反之，就會受到民意海嘯的懲罰。

如果說新民意改變了台灣的政治生態，其實一點也不為過。新民意不是一開始就有的，而是經過藍綠多次的情感勒索和意識型態綁架後，從其中淬鍊出來，蛻變成為新民意，因此新民意先天就具有平衡台灣免於走向偏鋒的特性，緩和台灣社會的對立和內耗，脫離藍綠分明的二元對立，這是一個非常了不起的文明進化成就，也是台灣走向公民社會的轉振點，距離台灣實行全面民主以來，不過只有二十多年的時間，台灣社會就已經建立自我平衡修復的機制，這也是台灣民主政治更趨成熟的訊號。

新民意，其實就是台灣公民社會力量的展現！新民意的出現與茁壯，對台灣社會進化具有劃時代的意義，包括為台灣帶來政治結構的轉變，邁向更明確的未來方向，成為台灣持續進步的穩定力量，這是藍綠基本盤和過去中間民意所無法做到的。

第 十 二 章

停滯的國民黨

在台灣，不論藍綠或第三勢力，各政黨具有不同的文明進化特質，各自吸引不同進化階段的民意，其中國民黨本身是一個介於第一和第二進化傾向的政黨，所以國民黨的支持者以第二進化的經濟選民，以及第一進化具有中國文明體系傾向的基本盤選民為主。

▶ 國民黨的文明進化之路

在台灣第一進化的時期，國民黨一黨獨大，對內實行專制統治，禁止多黨制和民主自由，壓制異議人士和社會運動，打壓本土文化。在兩岸部分，強烈反共，雙方漢賊不兩立。當台灣進入第二進化後，在蔣經國和李登輝任內推動一系列的民主改革；在兩岸關係方面，由第一進化的漢賊不兩立，走向第

二進化的開放交流，從蔣經國任內開放兩岸探親，到李登輝時代的辜汪會談，到連戰的兩岸「破冰之旅」，以及馬英九上任後，在九二共識的基礎上開放兩岸大三通，兩岸交流快速增溫，一時間充滿了和解的樂觀氣氛。

當國民黨蛻變爲第二進化政黨後，在經濟和政治轉型上都有斐然貢獻，加上兩岸關係明顯改善，成爲世界上少數威權國家的執政黨，在國家進行民主轉型後，還能透過選舉取得執政地位的政黨，這一時期的國民黨在文明進化的進程上，明顯的領先了台灣其它政黨，包括新成立的民進黨。然而當台灣社會進入第三進化後，國民黨出現過度親中的傾向，以致台灣在政治、外交與經濟方面，明顯地向中國傾斜，出現愈來愈依賴中國的情形，受到了台灣社會的詬病與質疑。

在台灣社會進入第三進化與新民意出現後，對於九二共識和親中路線有了不同的看法，認爲已經危及台灣的安全和主權，而所謂的經濟紅利也被少數買辦所壟斷，多數民眾享受到的好處有限。加上原本在各方面領先的國民黨，並未因執政而更上一層樓，反而因爲和中國過從甚密，出現了文明倒退的現象，某種程度被中國同質化了，國民黨不但因此失去政權，甚至面臨邊緣化的危機。

國民黨曾經人才輩出，也曾是台灣民主化的重要推手，更是台灣經濟奇蹟的締造者，曾擁有絕對多數民意的支持，是台灣進入現代文明的關鍵角色。但現在的國民黨和曾經意氣風發

的國民黨相比，已經人事全非。曾經民進黨還在打台灣盃，強調本土牌和意識型態時，國民黨打的是兩岸盃，進入了更大的視野，強調改善兩岸關係與振興經濟，當時國民黨在整體的文明維度上，明顯地領先其它政黨，當時國民黨普遍認為民進黨太小家子氣，缺乏國際視野。

然而國民黨在2008年重新執政後，想進一步透過兩岸盃進入世界盃時，國民黨的進化停滯了，甚至倒退了，反倒是當初國民黨看不起的民進黨，在2016年再度執政後，率先進入了世界盃，如今的國民黨反而明顯地落後於民進黨，導致國民黨的政治版圖不斷地流失。

▶ 國民黨的倒退

第二進化時期的國民黨主打經濟牌，這很好理解，然而國民黨將台灣的經濟發展希望寄託於中國，把所有的雞蛋放在一個籃子裡，同時加強對於大中華文化與民族的認同，這等同強化和中國第一進化的連結，使得國民黨的文明維度明顯下降，這就令人感到費解。

幾千年來，中國家天下文化，大一統思想以及等級制度，可謂中國封建王朝的支柱，經過不斷演進，已經形成強大的慣性，深入每個中國人的DNA，然而這部分卻也是國共兩黨的

深刻交集和共同語言，國民黨和中共打交道時，因爲共同的族群認同，相仿的歷史文化背景和黨國思想，使得國共在第一進化的國族主義上有著更多的交集，其交集可能比藍綠來得更多一些。中共本身是一個集體主義與等級分明的政黨，而國民黨講究論資排輩，曾被外界批評爲腐朽的醬缸文化，兩者在較低維度的部分有著許多類似之處。

國民黨從中國大陸撤遷來台後，逐漸地從第一進化蛻變爲第二進化，同一時期，中共雖然由封閉走向改革開放，卻依然停留在「第二進化的外衣，第一進化的本質」，因此當國共開始打交道後，究竟是擁有文明優勢的國民黨提升了中共的文明維度？還是國民黨的文明維度被中共給拉了下來？經過二、三十年的國共交流後，答案變得很明朗，國民黨出現了明顯的進化倒退跡象，除了因爲兩岸量體差距過大，導致國民黨不易拉動中共，中共卻能輕易的影響國民黨之外，最主要的，還是在於國民黨與中共建立了高度的連結，當中共走向文明倒退後，國民黨也跟著一起被拖下水。

國共密切交流後，國民黨鮮少向中國宣揚現代文明，民主自由成了交流禁忌，爲了得到實質的經濟利益和形式上的和平，國民黨在兩岸交流時，刻意的避免觸及第三進化議題，雙方只停留在第一和第二進化的互動，在兩岸在核心議題上，不論是九二共識，或者是一中原則等，幾乎都出現了向中國傾斜的傾向；或者在一些國際社會關心的議題上，幫著中國開脫，

例如香港或新疆人權爭議；乃至涉及台灣國家安全的軍機繞台，非但不見大力譴責，反而槍口對內，指責民進黨挑釁中國與製造兩岸緊張；而許多國民黨的重要政治人物和退休將領，不時發表呼應中共的言論，也令台灣社會感到錯愕。

中國有著第一進化的強大慣性，若國民黨不能把持原則，很容易向中國傾斜，接納中共的認知邏輯，導致在國族認同、價值觀、歷史觀、文化觀等，逐漸走向「中國文明體系」，許多語彙也愈來愈接近，不少親中人士受到中國民族主義的影響，將政治希望與經濟利益寄託在中國未來強大的基礎上，以為回歸中國才是台灣唯一的出路。

▶ 得到小格局，失去大格局

為什麼北京和台灣在進行各種交流時，或釋放各種經濟利益前，往往強調必須接受「九二共識」為前提？前AIT理事主席卜睿哲就曾提醒台灣，對於「九二共識」的定義，北京只接受「兩岸同屬一個中國，共同謀求國家統一」的定義，而非國民黨的「一中各表」。換言之，只要接受九二共識，就等於進入了一中框架的大格局，台灣就「跑得了和尚，跑不了廟」，成為兩岸走向統一的起點。當然，為了吸引台灣接受九二共識，北京必然給予台灣各種看得到的利益，但只要台灣接受一

中框架後，必然不斷地向中國傾斜，這一過程的影響不是立即可見的，但一旦有感時，那就代表問題已經很嚴重了。

在兩岸的大小格局之爭中，北京所在意的是統一台灣的大格局，著重長期漸進的影響，一般民眾是看不出跡象的，也無法理解複雜的大格局。而國民黨所著重的是可以獲得立即效果的小格局，比如接受九二共識後，台灣得到非常有感的外交空間和經貿利益，以及兩岸情勢緩和，這些都是立竿見影的成果，可以立即轉換為民眾的支持。但經過一段時期的兩岸交流後，台灣社會就會發現主權的天平開始向中國傾斜，國民黨看似贏了戰役，卻輸了戰爭，贏了小格局，卻失去大格局，當然國民黨不會告訴台灣社會到底流失了什麼。

在馬政府執政期間，台灣之所以能夠參與國際事務，幾乎都建築在北京同意的基礎上，例如每年都必須得到北京的同意，才能以觀察員的身分參加每年一度的世界衛生大會，形同北京掌握「一年一簽」的批准權，為了每年取得入場券，國民黨必須順從北京的立場，無形中形成了一種類似中央對地方的上下屬關係。如果台灣一旦偏離九二共識軌道，就會面臨北京各方面的打壓，不但外交空間沒了，甚至可能失去邦交國，同時切斷經濟活水，如禁止大陸觀光客來台，禁止農產品進口，藉由以上的手段，確保台灣停留在北京可控的「小格局」，使得兩岸事務持續走向「國內化」。

這種大小格局的轉變不是一夕變天，而是積少成多後，產

生了許多弔詭的現象，比如國民黨一方面高喊保衛中華民國，實際上中華民國的主權卻逐漸弱化；看似在發展經濟，但是經濟發展卻不見起色，反而更加依賴中國；強調經濟紅利，但一般民眾感受有限，反倒是少數買辦與既得利益階級賺得盆滿缽滿；愈是透過中國走向世界，愈是和世界脈動脫節，疏遠了國際社會。至今，這種「得到小格局，失去大格局」的思路，依然左右著國民黨。

▶ 卑微的國民黨

國民黨是兩岸經濟紅利的主要收割者，但很大的一部分是建立在中共的配合上，然而政治講究的是利益交換，中共畢竟不是聖誕老公公，天下也沒有白吃的午餐，中共透過經濟利益的釋放，換取國民黨主權立場的鬆動，支持走向一中框架，以及擴大對台工作的實質影響力，其中不乏具有敏感性的項目。自從國民黨開放三通以及建立九二共識後，中共的影響力跟著深入台灣社會，包括了政界、學界、媒體、宮廟系統，甚至於黑社會等，都有著中共滲透的痕跡。

不知國民黨是否有這種感覺，和中共打交道時，從一開始就莫名其妙地矮人一截，其實這種等級關係從接受九二共識一開始，就已經被植入設定了。中國這種演變了數千年的第一進

化馭人之術，輔以民族大義，家天下文化，以及龐大的經濟利益，缺乏中心思想的政治人物和政黨，能夠全身而退者幾稀。

當國民黨接受了中國的等級文化，以及傾向中國文明體系後，就很容易下意識地臣服於中國。在這種等級制度排序中，中共無疑是最高的一個等級，其次是國民黨，最低的則是民進黨；在兩岸的政治等級中，中國天朝高高在上，台灣則是偏安的小朝廷；在族群的等級中，中共所代表的漢族無疑是最高等級，其次是國民黨的高級外省人，再來才是一般台灣人；至於文化部分，中國代表中華文化的正統，台灣則是化外之民。

透過這種等級關係，可以解釋國民黨許多不合邏輯的現象。由於此種等級關係建立在臣服的基礎上，經過國共交流而逐漸確立，所以我們看到國民黨面對中共所流露的低姿態，有如部屬與上司的關係，時有國民黨被吃豆腐的情況，例如2020年國民黨參加海峽論壇前，央視報導國民黨是來「求和」的，雖引發國民黨的不滿與抗議，卻也顯示中國下意識所流露的輕視。另一方面，這也可以解釋為什麼國民黨打從心裡看不起民進黨，但面對中共時卻又自動矮了一截。

這種等級制度也反映在兩岸關係的處理上。當國民黨必須經過北京同意才能參加國際外交場合，這種自我矮化已然是一種中央對地方、上對下的關係。這種等級關係使得國民黨「逢中必軟」，幾乎看不到國民黨檯面上的政治人物，面對中共的統一勒索時勇於說「不」，對九二共識說「不」，對武統及和平

協議說「不」，對軍機繞台說「不」，反倒是中共念茲在茲的反台獨卻勇於說「是」。

▶ 為什麼國民黨陷入論述困境？

長期以來，在台灣的藍綠競爭中，國民黨一直被認為是缺乏論述能力的一方。大約二、三十年前，民進黨因為標舉「本土化」論述，政治版圖快速的擴張，備受壓力的國民黨後來也跟著談「本土化」，結果反而掉入和民進黨競爭「誰比較本土？」、「誰比較愛台灣？」的漩渦中，當時國民黨被挪揄為「拿香跟著拜」；然而當國民黨掉入了民進黨的論述後，就陷入了無法自拔的困境。同樣的，國民黨在兩岸論述上，又重蹈「本土化」論述的困境，九二共識的「一中各表」，其實就是和中共搶「一個中國」的論述主導權，但是國民黨搶得過中共嗎？當掉入一中論述的陷阱後，只能無法自拔地向中國傾斜。

這二、三十年來，國民黨的論述始終跟著人走，本土論述搶不過民進黨，一中論述搶不過中共，這種缺乏論述能力的背後，顯示了國民黨缺乏核心價值。不論中共或國民黨，在兩岸路線難以推進的時候，彼此都有個共同現象，就是「回到過去」尋找解答，回到過去的歷史交集，或者回到陳舊的民族主義。如果能夠在過去找到走出新局的答案，那麼就不叫進化

了！當中國由第二進化倒退回到第一進化時，價值認同受到中共影響的國民黨很難不被拖下水，當國民黨持續停滯與倒退，當然難以提出符合時代趨勢的新論述。

▶ 為什麼國民黨失去「新民意」？

在「新民意」出現後，國民黨輸掉了兩次大選，都以大敗告終，顯示了新民意並不支持國民黨的路線。為什麼國民黨無法獲得新民意支持？二十多年前，國民黨在政治板塊上曾經占據絕對優勢，卻在一個世代後，由絕對多數到淪為實質少數，其中最重要的原因莫過於走了文明的回頭路，對於國民黨的安全和經濟承諾，新民意認為若沒有更高的文明價值保障做前提，基本上都是不可靠的。

其次，台灣的年輕世代更注重價值取向，具有許多新民意的特質，包括了普世價值、公平、正義、法治等，他們的政黨認同度並不高，在最近十年的選舉中，年輕人扮演了關鍵角色。相對於其它政黨，國民黨對於年輕世代的吸引力很有限，除了先前所提到的家父長制和論資排輩的文化，這些年亦始終不見吸引年輕人的論述，以至於國民黨和民進黨兩者的選舉造勢場合，往往呈現「白髮蒼蒼vs年輕活力」的對比，前國民黨主席江啟臣曾經提到60歲以上的國民黨員，占全體黨員的

70％，而40歲以下的黨員卻不到3％，顯示了國民黨的老化與退化相當嚴重。

　　長期以來，台灣社會有種「國民黨擅長搞經濟，民進黨擅長搞政治」的既定俗成印象，而中產階級和經濟選民，更是國民黨的支持主力；然而國民黨的親中和買辦文化導致民眾觀感不佳，當經濟牌和兩岸牌失靈的情況下，又提不出推動台灣進步的新論述，這時只能將大量精神用於和民進黨鬥爭，「仇恨民進黨」與「下架蔡英文」成了主要訴求，國民黨只想證明民進黨比國民黨更糟，而不是證明國民黨可以比民進黨更好，雖然國民黨藉此凝聚了基本盤，卻無法拓展新民意的板塊，也難以提供台灣正能量。

　　現在的國民黨和十多年前的國民黨相比，在路線和風格上都出現了重大改變，受到了親中以及文明倒退的影響，國民黨變得愈來愈好鬥，在國民黨心目中，民進黨比中共來得更可惡，反而對於台灣真正的敵人中共，國民黨卻輕輕帶過。這種轉變對於層次愈高，愈是關係台灣前途命運的中央層級選舉，對國民黨愈是不利，導致國民黨愈選票愈少。雖然國民黨內部也存在著希望調整路線的聲音，諸如放棄九二共識，以及在親中與親美之間取得平衡等，特別是國民黨的年輕世代更著重與台灣的連結，而非親中，但是迄今為止，國民黨並未做出明顯改變。

▶ 走出停滯與困境

國民黨在2020大選慘敗後，宣稱將調整親中路線與九二共識，並表示九二共識是「沒有共識的共識」，但至今國民黨仍未揚棄已經過時的「九二共識」，而「九二共識」其實代表的就是中國文明體系；此外，國民黨表示重拾親美路線，反對共產主義，但實際的改變卻很有限，反而來自國民黨的「疑美論」和「反美論」較先前有過之而無不及，由於國民黨在進化維度上並未出現顯著的突破與進步，這樣的國民黨很難和民進黨相提並論。

整體而言，國民黨在文明維度上已經明顯地落後於民進黨，不論在國家定位、願景、論述等，都難以和民進黨競爭，當前的國民黨只想贏回政權和贏得選舉，卻沒有提出任何讓台灣未來變得更好的論述和具體願景，只能訴諸「政黨輪替」或「下架蔡英文」這類蒼白無力的訴求，顯示了國民黨缺乏中心價值和理想性，使得兩黨的差距愈拉愈開，而國民黨的政治版圖也愈來愈小。如果國民黨依然停留在第一進化和第二進化的認知中，結果只能離執政愈來愈遙遠，國民黨支持者的流失以及欠缺年輕人加入就是很好的證明。

過去國民黨執政時，必須接受九二共識才能獲得和平、外交、經濟紅利；如今，隨著中國的文明倒退和經濟衰落，國民黨主打「和平牌」，但和九二共識一樣，基本上都必須建築在

順從中國的基礎上，不同的是九二共識原有的外交和經濟紅利都不見了，只剩下和平，這可以說是進一步的倒退。由於國民黨的親中立場和文明維度倒退，使得台灣社會的主流民意並不信任國民黨，和民進黨相比，國民黨欠缺足夠的道德性與正當性，台灣社會對這樣的國民黨並不放心，難以能把執政的重任託付給國民黨。

因此國民黨能否恢復競爭力，取決於國民黨是否對中國的家天下文化、等級制度、兩岸一家親等具有清楚的認識，從而脫離第一進化中國文明體系的拉扯，也只有擺脫來自中國的認知影響，以及民族情感和經濟利益的綁架，國民黨才能做出文明進化的關鍵突破，走出停滯與倒退的困境，只有當國民黨有能力進入第三進化後，才能尊嚴而有自信的面對中國，並重新獲取台灣社會的信任，進而得到新民意的支持，國民黨方有東山再起的機會。

第 十 三 章

披上第三進化外衣的民進黨

和國民黨相比，民進黨是一個新興的政黨，卻也是一個蛻變相當快的政黨。如果說國民黨是停留在第一和第二進化之間的政黨，那麼民進黨則是一個面臨跨越進入第三進化的政黨。

▶ 民進黨的文明進化之路

民進黨的前身是「黨外」，其組成包含了反對國民黨的各種立場與派別，直到1986年民進黨成立後，當時尚處於威權體制下的台灣，才算有了正式的反對黨，成為台灣民主發展史上最關鍵的一步。當時民進黨雖然以弱勢代言人自居，但和執政的國民黨相比，國民黨持重，善於搞經濟，而民進黨則像是躁動不安的青少年，善於搞政治，卻不善於搞經濟，具有衝撞性與破壞性，在政治立場上比較激進，具有追求台灣獨立的色

彩，有著強烈的本土族群主義傾向，卻也比國民黨展現更多的創造性。整體而言，初期民進黨的作風呈現較多的屬第一進化特質。

2000年時的國民黨，不僅在文明維度領先民進黨，還具有經濟的經略能力和更寬闊的國際視野，不論是基本盤板塊，或是中產階級支持度，都遠遠超越了當時的民進黨，卻由於內部分裂導致政黨輪替。2000年時的民進黨，還是一個年輕不成熟的政黨，國際視野不足，民粹色彩濃厚，執政後面臨經濟、外交、兩岸與內政等諸多困難，加上朝小野大的困境，民進黨不斷透過挑起對立轉移焦點，使得統獨、藍綠、族群的對抗達到頂點；此外在兩岸關係上更是「逢中必反」，當時台灣屢屢因挑動中國敏感的主權神經，造成台海區域情勢緊張，成為國際的「麻煩製造者」，使得民進黨在2008年失去了政權。

2016年，民進黨以壓倒性的得票數，再次迎來了政黨輪替。此時民進黨的本質已經出現了跳躍性的變化，民進黨脫離了過去的第一進化，跳脫族群和統獨問題的糾纏，淡化了政治意識型態，具備了拚經濟的能力，這時的民進黨不但在國際舞台上走出了比國民黨更大的格局，同時和國際發展出普世價值的連結，和文明國家的關係進一步深化。在兩岸路線上，除了維持兩岸現狀外，更調整了國民黨執政時期不斷向中國傾斜的路線，否定了九二共識，這時民進黨結合新興的新民意，不但取得了空前的政治版圖，也全面的超越了進化停滯的國民黨。

▶ 反中的蛻變

民進黨成立初期，強調本土化，宣揚台灣主體性，同一時期，國民黨認為台灣長期終將走向統一，也正由於雙方在意識型態上的差異，對待中國的立場亦有所不同。民進黨很自然地走向「反中」與「抗中」，進而「去中國化」；而國民黨則是走向「親中」，強調「反對台獨」，雙方的國家定位和對待中國的態度南轅北轍，這種情況隨著台灣社會進入第三進化後，出現了結構性的轉變。

2016年蔡英文政府上任後，否定了九二共識，調整了台灣的親中路線，導致北京全面中斷兩岸交流，當時蔡政府對北京的回答是「歷史已經翻向新的一頁」。其實從社會進化角度來看，當時台灣的新民意已然興起，台灣社會已經邁入了第三進化，自然不可能再倒退回到不平等，以及處處受限的一中框架。2019年，蔡英文提出兩個「台灣共識」：「拒絕一國兩制」以及「中華民國台灣」，是台灣社會的兩個最大共識，明確地否定了北京「一國兩制」台灣方案，以及「兩岸一家親」、「攜手推動民族復興」等典型的第一進化倡議，同時淡化了台灣內部的統獨爭議。

台灣社會進入第三進化後，民進黨的兩岸立場在本質上已經有了很大的不同。在台灣第二進化階段，民進黨的兩岸政策可謂「逢中必反」，只要和中國有關的符號和事物，一律反對

到底。當台灣進入第三進化後，民進黨卻有效地阻擋台灣繼續深陷一中框架，避免台灣被中共拉回第一進化，這時候的反中已經脫離早期的民粹式反中，而民進黨的蛻變以及藍綠在親中與反中的立場差異，直接反映在兩黨政治版圖的消長上，民進黨逐漸的成為實質多數。在中美貿易戰爆發後，隨著國際社會形成反中的共識，使得民進黨順勢結合國際潮流，強化了反中的正當性和高度。

▶ 中國盃或世界盃？

由於民進黨和中共並沒有那麼多的利益糾纏，相對在決定台灣未來的方向上有著更大的自主性，而新民意出現的這十年，對台灣的發展非常重要。在馬政府任內，台灣必須透過中國走向世界，深陷一中框架而不能自主，使得台灣由原來的兩岸盃，逐漸變成打中國盃；而民進黨蔡英文執政後，打破了一中框架，透過世界走向中國，台灣由兩岸盃晉升為世界盃，這一大方向的改變，使得台灣的大格局也跟著一起變化。

蔡政府執政後，一改馬政府以來的西進政策，轉變為「新南向」和「新東向」政策，降低對中國的依賴，台灣逐漸遠離「中國的台灣」，愈來愈朝向「世界的台灣」。在近幾年中國文明倒退和經濟下行的過程中，台灣並沒有受到太大的傷害，並

未像韓國一樣，因爲過度親中導致發展受到牽連，並且在疫情期間，台灣成爲全球經濟表現最亮眼的地區，加以東南亞國家成爲當前全球經濟發展最快的地區，以上都爲台灣帶來了新的利基。

如今台灣已經一躍成爲全球高科技的要角，國際地位大幅提升。假設台灣仍然停留在原有的親中格局，那麼在全球供應鏈重組的過程中，台灣非但無法享受上一段所述的經濟紅利，甚且有極大的機率發生重大衰退；此外，台灣在新冠疫情初期，迅速的與中國切割並保持距離，避免了經濟與醫療系統崩潰的危機，設想如果台灣還是維持馬政府時期的親中格局，後果將不堪設想。

除了經濟面，另外一個明顯的改變就是外交面。雖然在兩岸終止正常交流後，北京爲了教訓民進黨，曾經挖走多個邦交國，但台灣在備受中國打壓後，反而迎來了新的格局突破，包括了捷克、立陶宛等國家紛紛表態支持台灣，無懼中共戰狼外交的威脅，愈來愈多基於共同價值的文明國家，從民意代表到官員，絡繹不絕訪問台灣，和台灣展開了實質外交，提供台灣參加國際舞台的外交支持，台灣不透過中國走向世界，國際空間反而變得更大了，不須再仰賴北京的外交紅利。

▶ 回到過去 vs 進入未來

從大格局來看，自從新民意出現後，民進黨整體是前進的，而國民黨則是停滯與倒退的。過去曾經在進化道路領先的國民黨，如今因爲長期和中國的密切連結，當中國倒退時，國民黨也難以倖免。相對的，民進黨因爲傾向和世界連結，因此跟著全球的文明腳步持續前進，在國民黨停止前進的同時，民進黨卻取得了明顯的進步，一消一長之間，拉開了藍綠差距，如今雙方和二十年前相比，兩黨彷彿地位互換。

國民黨和中共的密切連結，等於將中間民意的板塊讓給了民進黨。反觀民進黨在蔡英文上台後，淡化了原有的台獨色彩和意識型態，並且說服了民進黨基本盤接受了中華民國台灣，取得台灣社會的最大公約數，避免了統獨之爭，隨著民進黨向中間方向移動，以及文明維度上的明顯提升，不但脫離了第一進化窠臼，更積極地走向第二和第三進化。

藍綠進化維度的改變，很實際地反映在雙方政治訴求的變化。過去被視爲比較理性溫和的國民黨，出現愈來愈多訴諸族群議題和恐嚇性的第一進化訴求，例如國民黨高層在兩岸關係緊繃時曾說：「如果這樣的現況持續下去，兩岸關係的冰河地動山搖、崩壞的可能性高於50％。」反而是民進黨卻淡化了意識型態，訴諸族群分裂或恐懼的言論大幅減少了，在進化的刻度上超越了國民黨。

最能代表政黨是否具有未來性的，莫過於年輕人的傾向，沒有年輕人加入的政黨，就沒有未來。年輕族群有著更為獨立的思考，以及和世界接軌的共同價值，因此比較傾向民進黨。前國民黨主席江啟臣曾說：「國民黨的危機不是在世代交替，危機在沒有下一代！」某種程度來說，現在的民進黨和國民黨，可說是兩個不同世代、不同維度的政黨。近二十年，國民黨幾乎失去了一整個世代的年輕人，只剩下中老年人成為選舉造勢的主力，這也是國民黨大幅親中與進化倒退導致的後遺症。

民進黨是台灣比較具有論述能力的政黨，當國民黨和中共強調第一進化中華文明體系的認同時，民進黨已經開始強調第三進化的價值認同，較諸國民黨，更多地著墨普世價值以及和世界的連結，這也是第三進化的重要內涵，而原本被視為罩門的兩岸論述和經濟牌，隨著藍綠文明維度的消長，非但不再居於劣勢，甚至凌駕了國民黨。

▶ 民進黨相對貼近新民意

在 2016 大選之後，民進黨就已經意識到「新民意」的存在，雖然未必精確地掌握新民意的特質，但相較於其它政黨，民進黨更早認知新民意，並在其路線上率先做出調整，如終止不再符合時代脈動的九二共識等，雖然承受來自國民黨和中共

的巨大壓力，但在龐大的民意後盾下頂住了壓力，而其它政黨卻還看不到這種深層次的民意變化，仍然停留在傳統的藍綠、統獨的劃分中。

嚴格說起來，新民意並沒有特別的政黨偏好，也就是說，哪一個政黨最符合文明進化的趨向，能夠引領台灣未來的發展方向，那麼就支持誰，換言之，每一種政治勢力爭取新民意的機會是平等的，過去十年，民進黨相對更貼近新民意的期待，因此階段性地獲得較多新民意的支持，由於民進黨橫跨三種進化民意的支持，相對於國民黨只有第一和第二進化民意的支持，顯然來得更有優勢，也更全面而多元。

2016年迄今，台灣擺脫了一中框架的限制，在外交和經濟格局上做出了重大突破，台灣更加頻繁地出現在世界舞台上，經濟表現也相當亮眼，不妨說這是一個新民意和民進黨結合所創造的新局面，如果還是國民黨執政，那麼徒有新民意也無法突破守舊的文明格局。這正是台灣民意所做出的關鍵性選擇，在大格局的突破上取得重大的進展，使得台灣社會獲得了可觀的回報。

▶ 新民意的反噬

民進黨獲得較多新民意的支持，同時在大格局的表現上也

很不錯，在外交、經濟和兩岸議題上都交出了不錯的成績單，更在2020年取得台灣選舉史上空前的大勝。民進黨之所以大勝，除了大環境的因素外，也和多數新民意選擇支持民進黨密不可分，但新民意畢竟不是哪一個政黨的禁臠，更不代表獲得絕對多數民意支持的民進黨，可以無視於民意，可以腐化與墮落。

儘管民進黨在大格局上擁有優勢，也的確在進化的維度上領先了國民黨，特別是在兩岸政策和國家安全層面，民進黨相對獲得更多的支持，原本可以就此大幅拉開和國民黨的差距，但是這種情況並未發生。民進黨在選舉大勝以及掌握絕對多數的政治優勢後，不論內政和黨內都出現了一連串令人搖頭的情況，包括了：嚴重的黑金政治和腐化令人感到失望；而黑白關係過於密切幾乎到了黑白不分的程度；所承諾的司法改革和居住正義等改革並未落實；加上論文抄襲所涉及的學術倫理等，都讓台灣社會感到失望與憤怒。

當民進黨面對選舉檢視時，常用「對抗中國」綁架選民和轉移焦點，不論是2020大選時，大肆宣傳香港反送中運動的「亡國感」；或者是2022年所鼓吹的「抗中保台」，以迴避立法院的質詢和媒體的監督，轉移民眾對內政施政不力和黑金貪腐的注意力，這讓台灣社會感覺民進黨比國民黨好不到哪裡。

在兩岸關係上，如果說國民黨面對北京的態度卑微，那麼民進黨面對北京的態度則是亢進，更多的是強調對抗和危機，卻拿不出更高明的方法；而「抗中保台」就像打嗎啡，為了轉

移內政施政不力與黑金政治的壓力，過度的頻繁操作對抗中國，強調意識型態，卻不致力根本的改革，「抗中保台」的邊際效用只會持續地下降，也無助挽回民進黨下滑的支持度。

年輕世代是支持民進黨的主力，而民進黨彷彿認爲年輕人理應支持民進黨，但是民進黨的執政，並未回應年輕人的需求，不論是高房價、低薪資等問題皆未獲得明顯改善，也未讓年輕人看到更多的希望與公平正義；然而到了選舉，卻又開始訴諸年輕人，做做一些表面文章的造勢，卻不願觸及年輕人眞正關心的問題，導致年輕世代的失望，這種失望情緒的積累，也導致了年輕人對民進黨的支持度下滑。

當民進黨流露權力的傲慢與獨大心態，以及出現進化維度倒退的情況，這和民意給予民進黨絕對支持的初衷背道而馳。在2020大選獲得歷史性大勝的民進黨後，在之後的公投到立委補選，民進黨雖然戰無不勝，卻也愈來愈顯露出權力的傲慢，直到2022年九合一選舉，即便在國際環境有利的情況下，民進黨還是遭遇了海嘯現象，在這場選舉中再次狠狠地被教訓，民進黨不但失去了新民意，也失去了年輕選民。

▶ 第三進化的外衣，第一和第二進化的本質

先前中國篇曾經提及，中國的進化現狀可謂「第二進化的

外衣，第一進化的本質」，如果我們用這個角度和標準來看民進黨，民進黨可說是「第三進化的外衣，第一和第二進化的本質」。雖然民進黨看似在大格局上出現了許多的突破，也獲得好評，但是民進黨內部的根卻逐漸腐爛，從黑金掛勾、貪腐盛行到學術論文抄襲，一件一件浮上檯面，這種結構性沉淪是任何民主國家所不容許的，這些現象凸顯了民進黨的缺陷以及權力的傲慢。

除了迅速的腐敗外，民進黨所標榜的民主也出現了流於一言堂的傾向，民進黨在某種程度上型塑了「不同意民進黨，就是反民主」的氛圍，也使得民進黨愈來脫離民主的監督機制。對台灣有著深刻觀察的日本政治學家小笠原欣幸，在2023年對民進黨提出忠告：「在這次（九合一）選舉中，不時聽到『不同意民進黨就是反民主』這樣的論述，這種論點跟『不愛共產黨就等於不愛中國』是一樣的思考方式，如果民進黨再堅持這樣的想法，那就真的會政權輪替了。」

原本台灣民意給了民進黨空前的支持，希望民進黨為台灣開創全新的格局，推動台灣進入第三進化，未料民進黨所展現的卻是表裡不一致，雖然打著第三進化的旗幟，實際上民進黨的思維很大的一部分還是停留在第一和第二進化，這也意味著民進黨如果不能改變表裡不一的情形，那麼在進化維度上就可能走向停滯與倒退。相對於國民黨在路線上讓台灣社會感到疑慮，民進黨雖然選對了大方向，但是民進黨的內部問題和文明

內涵，顯然並未達到台灣社會所期待的進化水平。

　　過去我們經常聽到這樣的說法，民進黨最大的敵人和反對黨，其實不是國民黨或共產黨，而是「討厭民進黨」，這意味著民進黨2022年的選舉大敗，並非敗給了國民黨或北京，而是敗給了自己。如果民進黨止步不前或倒退，降低自身的文明維度，除了被台灣民意教訓，也可能被新興的政治勢力給逐漸瓜分取代。

第 十 四 章

缺乏大方向的第三勢力

　　第三勢力是台灣除了藍綠之外的政治新興勢力，泛指和藍綠競爭的小黨。若要簡單歸納台灣三種政治板塊的進化狀態，大致可以區分爲：國民黨逐漸倒退，民進黨緩步前進，而第三勢力則是缺乏明確的路線。

▶ 中間民意的迷思

　　當台灣不斷出現民意海嘯現象後，所有的政治勢力都意識到，台灣的中間民意不可小覷。在2014–2022年之間的重大選舉後，幾乎可以確定中間民意大概占了1/3的政治板塊，這也意味著長期以來「非藍即綠」的政治板塊，已經出現根本的改變，中間民意的數量已經足以支持另一個藍綠之外的新興政黨，甚至於挑戰大選。許多嗅覺敏銳的政治人物都看到了這一

點，因此各方政治勢力躍躍欲試，希望得到中間選民的青睞。

　　第三勢力必須獲得相當程度的中間民意支持，才能具備叫板藍綠的實力，所以第三勢力極力將自己形塑為中間民意的代言人，爭取中間民意支持。然而第三勢力對於中間民意始終存在著一個迷思，以為不藍不綠，或者在藍綠之外就等於中間民意，事實上，中間民意很大的成分是可藍可綠的新民意，當第三勢力存在著這種不藍不綠的迷思，那麼就會發現中間民意看起來很龐大，實際轉移到第三勢力的支持卻很有限，也無法將其轉換成穩定的支持力量。

▶第三勢力的論述困境

　　幾乎所有的第三勢力都面臨一個共同的困境，那就是缺乏有關路線和定位的大論述，大論述不外以下幾個方面：國家發展方向、核心價值、兩岸論述、中美關係、未來願景等，例如民進黨反對一國兩制，拒絕接受九二共識，其論述圍繞著「維護台灣主權」而建立；而國民黨的論述則是圍繞著「九二共識」、「反台獨」和「拚經濟」，而小黨沒有能力提出有關國家定位或核心價值層級的論述，因為大論述的建構需要集合各方面的條件，以及符合趨勢脈動，經過長時間的考驗後所形成，絕非臨時起意或見招拆招。對新興的第三勢力而言，這是一個

高難度的層次，迄今為止，尚未有第三勢力能夠提出和藍綠相提並論的大論述。

　　為什麼需要大論述？簡而言之，它就像一塊招牌，只要一看招牌，就知道核心訴求。有了論述，就意味著有了路線和中心思想，才能吸引相同理念的支持者，進而產生認同感，小黨才能做大。如果不知道未來要朝向什麼方向，這樣的第三勢力只能喊喊空洞的口號，例如「創造人民的最大福祉」這種空泛訴求。要不然第三勢力就只能依附政治明星的光環，維繫政治影響力於不墜，卻談不上挑戰藍綠；一旦碰到藍綠對決時，缺乏論述的第三勢力等於毫無話語權，往往眼睜睜的看著自己被邊緣化。

　　每次台灣出現新的第三勢力，或多或少都承載了民眾的希望和期待，希望在藍綠之外，有一個清新的選擇，但是迄今為止，仍然缺乏滿足民意期待的第三勢力。雖然大家其實都看到了中間民意的巨大可能性，但第三勢力始終缺乏更上一層樓的能力，關鍵在於無力帶來好的理念與思想，沒有論述與中心思想，就沒有辦法定位自己所處的維度，第三勢力只能爭取不滿藍綠的選民，卻無法爭取積極認同的民意，這樣的第三勢力很容易倏起倏落，只有以理念結合形成固定的支持，才能建立穩固的政治版圖，擺脫第三勢力始終必須依賴政治明星的宿命。

　　第三勢力之所以能夠成為新興政治勢力，在於民眾希望台灣出現一股可以平衡藍綠的力量，一條能夠超越藍綠的第三條

路，而不是一個和藍綠相去不遠，處於同一種維度的另一股政治勢力，但卻缺乏明確路線和願景的第三勢力；這種第三勢力充其量只是和藍綠爭奪政治版圖的另一股政治力量，而其政治水平未必跟得上藍綠，這不是一句「藍綠一樣爛」，讓大家討厭藍綠，或者藍綠各打五十大板，就證明比藍綠高明，關鍵還是在於必須提出可以和藍綠一較長短，甚至是更進步的中心理念。

▶ 看得到，吃不到

自從台灣出現第三勢力以來，幾乎都免不了泡沫化的宿命，究其原因，關鍵在於兩大門檻，第一是制度面的因素，小黨必須跨越5％的政黨得票率，才能擁有國會席次；第二則是缺乏有別於藍綠兩大黨的論述。面對兩大門檻，除了藍綠有能力之外，一般小黨是無能為力的，許多第三勢力為了生存，最後只能回到藍綠框架，扮演藍綠的側翼，或者走進泡沫化的死胡同，從新黨、親民黨、台聯黨到時代力量等，幾乎沒有任何一股第三勢力能脫離此一魔咒。

由於近年來新民意的橫空出世，打著中間民意招牌的第三勢力跟著水漲船高，始終都有一定的支持度與話題性。雖然中間民意這塊餅看起來很大，實際上吃到的卻很少，大家都看到新民意的能量與日俱增，卻缺乏將其轉換為選票的能力。這就

好像客戶的需求就在那裡，卻沒有能力生產客戶所需的產品，因為這些客戶的要求和藍綠基本盤支持者完全不同，這一股民意是高度覺醒的民意，這也是為什麼缺乏論述的第三勢力，面對新民意，看得到卻吃不到，即使到了民眾黨，迄今也還提不出滿足新民意所期待的政治路線。

現今第三勢力所提供的選擇和藍綠相去不遠，卻缺乏如藍綠的鮮明論述和明確路線，因此第三勢力很容易淪為藍綠兩個主要選項之外的次要選項，當面臨藍綠對決時，第三勢力往往只能靠邊站。若第三勢力企圖以空洞的口號去鞏固新民意的支持，或試圖以舊思維捕捉新民意，那麼將會發現收穫有限，這也是為什麼龐大的新民意就在眼前，第三勢力卻缺乏吸引和爭取的能力。

有些第三勢力因為缺乏路線和中心思想，為了爭取政黨的生存空間，經常出現搖擺的狀況，因而被戲稱為「政治變色龍」，雖然標榜不統不獨，不藍不綠，卻時而出現見風使舵或見縫插針的行為；或者當民意支持哪一邊，就表態站在多數民意的一方；或者語不驚人死不休，爭取聲量和關注。以上往往是第三勢力爭取生存發展的手段，然而這種漫無目的與方向的政治操作，對於建立穩定的支持度幫助不大，也非拓展政治版圖的正道。

第 十 五 章

台灣的百年抉擇

　　自從台灣進入民主選舉後，牽動台灣發展兩種最重要的選擇格局，分別是「藍綠」和「兩岸」，在台灣內部，最高的層次就是藍綠選擇，在台灣外部，最高的層次則是兩岸議題，而兩岸議題的高度又凌駕了藍綠之爭。然而以上的選擇格局如今已經出現了重大改變，隨著國際社會形成「第一進化vs第三進化」兩大文明體系的對抗，台灣和世界各國一樣，必須在兩大集團當中選邊站。

　　這是台灣有史以來首度面臨國際大格局的選擇，不論其高度和重要性，都遠遠的超越了過去兩岸與藍綠的層次，而2024大選，可說是台灣在兩大集團選邊站的首次重要表態。這次選邊可說是台灣自從實施民主以來，最大格局的一次選擇，不但攸關著台灣文明的全面性提升，更關係了台灣後世子孫的福祉，因此將其稱之為「台灣的百年抉擇」。

▶ 台灣的百年抉擇

台灣推動民主政治的初期，主要面臨了三種劃分的選擇，從小格局到大格局分別是「本土vs非本土」、「藍綠」、「統獨」，當時最高層次的選擇，非兩岸關係和國家認同莫屬，基本上，以上這些抉擇也反映了當時台灣社會所處的第一和第二進化階段。

然而隨著台灣的文明進步與國際地位提升，台灣已經從過去打兩岸盃，進化至打世界盃，隨著台灣進入更大的格局，台灣所面臨的選擇已經出現根本改變，依小到大的格局依序可劃分為「藍綠」、「台灣vs中國」、「中國文明體系vs世界文明體系」，從現在起，台灣必須做出從未思考過的國際體系選擇，這個國際體系包含了兩個層面：其一是「第一進化或第三進化」的文明體系選擇，其二則是「中國或美國」的選擇，其實這兩種選擇可謂一體兩面，選擇中國等於選擇第一進化，選擇美國等於選擇第三進化。

隨著選擇的層次提高和格局變大，相對的，難度和考驗也不可同日而語。整體而言，台灣從上世紀60年代以來，持續進步發展，幾乎不曾出現過倒退，政府在重大的方向選擇和決策上，大多站在正確的一方。一直以來，台灣民眾只要努力工作，就可以得到應有的發展和回報，毋需操心國家大事。隨著台灣日益民主化，民意趨向對於國家方向的影響愈來愈大，雖然台

灣在三十年的民主政治過程中快速成長，但是和一些累積數百年文明底蘊的成熟民主國家相比，仍然存在著許多進步空間。

如今，台灣正面臨歷史性的百年抉擇，雖然台灣傳承了中華文化美好的一面，被認為是世界上最善良可親的國家之一，但這不等同台灣擁有足夠的文明成熟度和判斷智慧，以面對劃時代的抉擇，進而分辨當前各種試圖影響台灣選擇的錯亂認知。因此這一次的抉擇將考驗台灣民眾的判斷智慧和文明品質是否經得起考驗？如果通過考驗和測試，台灣從此將成為高度文明國家，同時開啟另一波歷史性的發展機遇。

▶ 面臨文明選邊站！

當國際社會開啟「第一進化vs第三進化」的對抗後，多數國家都必須在兩大文明集團當中選邊站，這一大時代的抉擇並非是一種「五十步或百步」的選擇，而是一種「落後或進步」，「威權或民主」的大是大非選擇，因此這種文明陣營的選邊，沒有所謂左右逢源或等距離往來這回事，也沒有搖擺的空間，而當前國際潮流傾向文明陣營的情勢愈來愈明顯，這一點在先前的世界篇與中國篇當中已有相當詳細的說明。

和多數已經做出決定的文明國家相比，台灣在面臨此一國際分水嶺的關鍵時刻，卻顯得躊躇猶豫，除了來自北京巨大的

軍事和經濟壓力外，台灣內部也存在著不一致的聲音。雖然台灣的新民意已經進入第三進化，但是整體的公民社會意識尚嫌不足，仍有相當比例的民意停留在第一和第二進化的認知中，加上台灣從來不曾面臨此種國際大格局的抉擇，和大家所熟悉的藍綠或統獨相比，國際體系的選擇超越了多數台灣民眾的視野和認知，台灣還不具備這方面的成熟思考，這讓台灣社會有點適應不良。

由於台灣內部文明進化程度不一，部分民眾把經濟利益看得比民主自由更重要，或者為了「委屈的和平」，以為順從和臣服北京就可以規避戰爭，這類的民意基本上仍然停留在第一和第二進化階段；此外，台灣內部還存在著一批對中國具有高度情感的族群，其意識型態始終傾向中國。正因為這些結構性原因，儘管中國是台灣唯一的安全威脅，也是一個專制獨裁國家，但是在文明抉擇中，台灣卻難以像其它文明國家那樣達成共識，動輒七成或八成以上的民意反對中國，並且堅定地選擇站在世界文明體系這一邊。

台灣正進入一個非常敏感的時期，台灣的重要戰略地位，以及半導體和AI戰略資源，不但牽動了中美之間的地緣政治對抗，更關係著全世界的利益和福祉，這意味著台灣的選擇和變動，已經不僅僅是自己的家務事，更牽動著全世界的核心利益。由於台灣的動向備受世界矚目，如今台灣不只要考慮自己的利益和需要，更必須考慮全球的觀感和需要，這是一種成熟

與負責任的表現，如果台灣做出的抉擇可以契合這一文明層次，台灣將得到國際更多的支持與關懷，同時迎來更多的發展契機。

▶ 萬變不離其宗

台灣正面臨了藍綠、兩岸到國際錯綜複雜的選擇，如果台灣還停留在藍綠或者兩岸的視野與認知，就難以在國際的大格局當中做出正確抉擇；反之，如果我們從國際的大格局，回頭看兩岸和藍綠，我們將會發現其中有許多脈絡可循，選擇也變得清晰而簡化。

當我們站在不同的高度，選擇也就不同。如果站在山谷的高度，我們只能看到最狹窄的視野，就像在迷宮當中不斷摸索，卻未必找得到出路；但是當我們站在山頂，從上向下俯瞰，所有的路徑就會一目了然，因此，當我們只停留在藍綠或者兩岸的較低視野，我們將永遠搞不清楚，這個世界快速的變化與台灣命運的密切關聯；然而當我們回到文明體系的思考，就會發現從藍綠、兩岸到國際三個層面，都受到「第一進化vs第三進化」對抗的影響。

過去當藍綠之爭遇到了兩岸之爭，更高層次的兩岸議題凌駕了藍綠之爭；同樣的，當藍綠和兩岸之爭，面臨更大格局的中美或中西文明之爭，顯然文明之爭的高度和格局，凌駕了兩

岸和藍綠之爭。隨著台灣開啟了更大的國際格局，台灣最高位階的議題將不再是兩岸關係，而是上升到國際戰略和國際關係的格局，這也代表著今後的兩岸關係不再是最高位階的單獨考慮，而是必須附屬於更大格局的國際關係架構下。

▸ 中國文明體系 vs 西方文明體系

從以上萬變不離其宗的脈絡，放在台灣當前的大環境，首

台灣由小到大的選擇格局

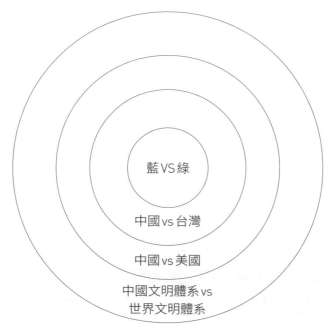

藍 VS 綠

中國 vs 台灣

中國 vs 美國

中國文明體系 vs
世界文明體系

先我們可以將中西之間的「第一進化vs第三進化」的對抗，進一步延伸為「中國文明體系」和「世界文明體系」的選邊站。台灣的百年抉擇，其實是全世界在兩大文明體系選邊站之下的一環，藍綠只是最表面的選擇，真正的最高層次是「中國文明體系vs世界文明體系」的選擇。

　　面對國際、兩岸、藍綠等不同格局的選擇，其實可以簡化為「中國文明體系」與「世界文明體系」的選擇，也就是當選擇中國文明體系後，那麼比較傾向於「第一進化、親中、中國認同、泛藍」這一系列的選擇；選擇世界文明體系，則是相對傾向「第三進化、親美、台灣認同、泛綠」的另一系列選擇。換言之，這個百年抉擇從最高層次的文明進化選擇，到最低層次的藍綠選擇，大致可劃分為兩類屬性。

「中國文明體系」vs「世界文明體系」的屬性關係

格局 & 選項		中國文明體系	世界文明體系
文明進化格局	第一進化或第三進化？	傾向第一與第二進化認同中國價值	傾向第三進化認同普世價值
國際格局	親中或親美？	傾向親中	傾向親美
兩岸格局	台灣認同或中國認同？	以台灣認同為主，對中國認同持接納態度	強調台灣認同，對中國認同持保留態度
台灣格局	泛藍或泛綠？	傾向泛藍	傾向泛綠

「中國文明體系」注重血脈、情感、文化、國族的連結，講究彼此的親疏關係，而世界文明體系則更注重制度與價值，因此更加的理性，強調開放、自由、平等，不太注重國族與血緣的劃分，而是講究具有共同的價值和理念。因此選擇中國文明體系，基本上都有著威權化和國族主義的傾向，或者是基於利益交換的關係，其文明屬性更加接近第一與第二進化。而選擇世界文明體系，則是認同普世價值，具備國際化和全球化的世界觀，擺脫族群血緣的情感綁架，其文明屬性更為接近第三進化。

　　若以國民黨為例，在國族認同與情感上，與中國有著許多交集，雖然彼此所堅持的政治主體有所不同，但兩者都認同中國文明體系。在文明價值層面，國民黨甚少提及其所堅持的是什麼文明價值；在親中與親美的大格局上，雖然口頭上強調親美，但黨內親中人士卻發表許多疑美和反美的言論，諸如「毀台論」與「美積電」等，導致美國並不信任國民黨；在台灣與中國的對立中，國民黨附和北京的立場，反對台獨和支持九二共識，都是較為傾向中國文明體系的事實。反之，與國民黨處於對立的民進黨，則是明確地選擇世界文明體系。

　　近年來，從台灣內部到兩岸都存在著嚴重對立，究其源頭，和兩大文明體系的對抗有著密不可分的關係。2020年，台灣大選其實就已經存在著「中國文明體系 vs 世界文明體系」的檯面下較量，到了2024年大選，兩種體系的角力浮上

檔面，選邊站的趨勢更加明朗，而且已經到了每個人都必須選邊的時候，與其說2024是泛藍或泛綠的選擇，毋寧說更是一場「跟著世界先進文明國家一起進步」，抑或者是「跟著守舊文明的中國一起倒退」的選擇。

　　台灣的抉擇，其實就是當下最真實的文明成熟度表現。其中最具體且最重要的表態，當屬2024年的大選，這也是台灣能否夠邁向更大格局的重要考驗。台灣人民不妨在這次大選的盛宴中，仔細檢視台灣社會的判斷成熟度，以及細心地觀察各方候選人的言行是否一致？是否展現進入更高文明維度的思維？以及傾向較為進步的世界文明體系？抑或者是守舊的中國文明體系？

▶ 選擇文明體系的重要性

　　如果只停留在藍綠比較的層面，兩者相去不遠，因為雙方都有貪腐或內政不彰的問題，但是當我們把格局放大，就會看到不一樣的視野，而藍綠之間的差異也愈大。我們不妨一同來看看，當台灣從2016年走出一中框架，進入世界文明體系後，經過八年，台灣創造了什麼呢？

　　【一】台灣有效降低對中國經濟過度依賴的風險，卻依然

保持經濟成長，根據財訊董事長謝金河所述，馬政府執政的八年，台灣經濟是亞洲的最後一名，如今台灣上市公司的獲利已是馬政府時期的兩倍以上，由不到兩兆一躍超過了四兆台幣，而2022年台灣國民平均所得更一舉超越韓國。至於台灣的GDP則從2016年的17.5兆台幣，到了2023年已增加至23兆，大幅成長將近6兆。

【二】台灣產業進入前所未有的高度，成為世界高科技的重鎮，其中半導體和AI產業，受到了全世界的肯定與矚目。

【三】台灣的國際地位提升到前所未有的高度，在外交上獲得更多文明國家支持，台灣議題也因此變得更加國際化。

【四】台灣由開發中國家，成為已開發國家，台灣的股市指數創下歷史新高，高端產業的投資以及國際合作的品質都不斷地提升。

以上只是簡單地列舉台灣選擇遠離中國文明體系後，果斷進入世界文明體系的前後對比。

試想台灣若還停留在中國文明體系，繼續接受九二共識以及「從中國走向世界」的路線，那就難以創造以上的新局面，同時在中國成為文明世界最大挑戰的今天，台灣將成為全世界

切割的對象，畢竟現在只要和中國沾上邊，世界各國無不用放大鏡檢視，充滿了懷疑和不信任，如果執意傾向中國文明體系，無疑是逆勢操作，台灣所承受的發展衝擊將難以估量，除了可能失去文明世界的大力支持，經濟發展更將受到中國的牽連，成為世界抵制的對象。

以上說明了文明抉擇對於台灣的重要性，即使民進黨的內政施政不盡如人意，在最小的藍綠PK層面，兩者有如「五十步笑百步」，關鍵在於民進黨在更大的格局選對了邊，所創造的就是一個好的結果，使得台灣跟著世界世界潮流一起進步，一起變好，並且為台灣的崛起打下基礎。而國民黨則因為親中和選擇中國文明體系，除了付出重大的政治代價，失去政權，也因全世界形成的反中共識，斲傷了自身的發展前景，更重要的是，如果台灣傾向中國文明體系，台灣就不可能有崛起的機會，而中共也不可能讓台灣在中國文明體系下單獨崛起。

藍綠之間的最大差異，並不在於兩者的能力差別，而在於兩者對於文明體系的選擇！

▶ 勇敢選邊站

茲將台灣主要政黨的進化列表如下：

台灣主要政黨文明進化比較

	民進黨	國民黨	民眾黨
文明體系傾向	世界文明體系	中國文明體系	中國文明體系
中美立場	反中親美	親中疑美	中美等距
進化階段	第二和 第三進化之間	第一和 第二進化之間	第一和 第二進化之間
方向	朝向未來	停留在過去	缺乏明確方向， 路線搖擺
格局	世界性	兩岸性	兩岸性

　　對許多小國而言，面對大國角力和利益衝突時，並不喜歡選邊站，總希望在大國競爭中左右逢源，當然台灣也有這樣的心態。但是這一次兩大文明體系的衝突，已經不再只是中美為了爭奪霸權的層次，更有著基於人類未來百年發展格局的思考，因此不論大國或小國，都必須在兩個文明陣營當中勇敢做出選擇。台灣也不例外，儘管過去台灣並不喜歡選邊站。

　　如果是一般性的議題，或許可以模稜兩可，但是面對最高價值和發展路線的選擇，就不容許有模糊空間。面對大時代的抉擇，不能再存著左右逢源的想法，而是必須勇敢選邊站！目前台灣唯一表態選邊站的政黨是民進黨，明確地站隊「世界文明體系」；至於國民黨和民眾黨並未明顯選邊，兩者都抱持著爭取最大公約數的想法，既想親美，又想和中，仍然抱持左右

逢源的思路。

　以國民黨而言，一方面既想擁抱台灣認同，一方面卻又主張兩岸一家親；一方面擔心被貼上統一標籤，一方面放任統派言論；一方面想要親美，一方面卻和北京眉來眼去；一方面強調可以避免兩岸戰爭，卻不是建立在強大軍備實力基礎上；一方面歡迎美國眾議院議長裴洛西訪台，一方面在台海危機之際，組團前往中國參訪。國民黨表面看似兼顧與平衡，維持模糊立場，不做強國棋子，但是在必須做出大是大非選擇的時代，這種爭取最大公約數的做法，兩邊的文明體系都不買單。

　至於和國民黨存在著取代關係的民眾黨，則標榜「兩岸和平，台灣自主，強國等距」，但在全球與中國脫鉤的當下，卻逆勢提出重啟已經成為歷史的兩岸服貿協議。國民黨和民眾黨在面臨台灣的歷史性抉擇時，既不願明白表態選邊，也都缺乏明確清晰的路線，在兩大文明陣營的對抗中，表面看似維持平衡，兩邊都不得罪，實際上卻若有似無的流露「中國文明體系」的傾向，使得兩黨在中央層級選舉陷於苦戰。

▶ 重新歸零

　2022年的九合一選舉，民進黨大敗，讓其政黨支持度由原本的絕對領先到重新歸零，使得有意角逐2024大選的政黨

重新回到起跑點，這也使得各方政治勢力看似都有勝選機會。在2022年九合一選舉中取得大勝的國民黨，其實質得票並未增加，而是因為民進黨的得票大幅減少之故，反映了國民黨並非因為其表現得到肯定，或者提出符合人心的政見或願景，而是因為台灣社會對民進黨的表現感到失望所致。

由於總統大選必須考量國家路線、生活方式和文明體系的抉擇，因此衡量的標準和地方選舉有著很大的不同，儘管參加大選的各方政治力量各有不同條件，然而最終還是得回歸國家方向和願景，其中最重要的莫過於文明體系的選擇。雖然選民重新歸零，如果競爭者只是訴求政黨輪替，卻依然繼續原有的進化狀態和認知結構，不能帶來任何進步與改變，那麼這次歸零就失去意義了。

畢竟選民重新歸零代表著台灣社會對於未來的殷切期待，以台灣的三大政黨來說，大家都有機會，就看誰能出現關鍵性的突破。民進黨雖然明確選擇世界文明體系，在文明維度上有著一定領先優勢，然而這是基於其它政治勢力並未出現突破的情況下，此外，民進黨也必須正視自身表裡不一的問題；對於國民黨而言，如果還是傾向第一進化的中國文明體系，無法在文明維度上取得突破，那麼國民黨是沒有優勢的；至於民眾黨則必須提出明確的路線與願景，以及所傾向的文明體系。

隨著全球「第一進化 vs 第三進化」的文明之爭逐漸明朗，世界文明體系正在各方面取得優勢，連帶的，台灣2024

大選有關文明體系的選擇也逐漸明朗，雖說選擇世界文明體系的民進黨的優勢日益明顯，但與其說民眾認同民進黨，不如說是民眾認同其背後的世界文明體系。對於另外處於不同進化階段的政黨，也希望能夠透過這次大選提升其文明維度，成為具有競爭力的選項。當更成熟的民意與更進化的政黨相互結合，台灣將更快速地「轉大人」，成為成熟負責任的高度文明國家。

▶ 選擇站在文明這一邊！

　　愈是文明國家，相對愈進步與富裕，生活品質也更好，選擇站在文明這一邊，也意味著選擇進步和富裕。

　　台灣的百年抉擇，站對了邊，就能持續走向進步和繁榮，繼續民主自由的生活方式，有效減少來自低維度文明體系的干擾和傷害。因此在「中國文明體系」和「世界文明體系」的抉擇中，哪一方更符合文明的期待，能夠在現有的文明基礎上繼續進步，走向文明，就是更適合的選項。反之，導致台灣文明維度降低，製造混亂，認知扭曲，就是台灣應該過濾掉的選項。

　　當台灣沒有「中國因素」介入的時候，不論選藍或選綠，都不致影響台灣的主權和生存發展，如今隨著「中國因素」全面的介入台灣各個領域，台灣內部親中的聲音不可小覷，藍綠

之爭已經不再是單純的台灣家務事，而是直接關係台灣的命運前途，也牽動了美中日等其它國家的安全與利益，更牽動了國際秩序的改變，因此抉擇必須格外謹慎，畢竟台灣的特殊情況與其它國家不同，其它國家錯了可以重來，但面對中國武統威脅的台灣卻未必有機會重來。

台灣成為高度文明國家的真諦，在於藍綠和第三勢力最終都能進入第三進化，在更高的文明維度上，不應存在分歧，不應像目前各自傾向不同維度的文明體系。當然對於徘徊在第三進化之前的民進黨，如何能夠真正跨越進入第三進化，而不再只是「披著第三進化的外衣，徘徊在第三進化的門口」；而國民黨能夠打破長期處於文明進化停滯倒退的困境，促使台灣的民主政治到達更成熟的新高度，進而進入第三進化，以上將是2024大選百年抉擇的重大意義。

畢竟泛藍泛綠是台灣的兩隻腳，雙方的矛盾應該是內部矛盾，而不是敵我矛盾，置台灣的安全福祉於不顧。美國和其它許多文明國家，在確認中國為全球秩序的最大威脅後，不論朝野或民間，幾乎沒有爭議的形成高度共識，反而藍綠在面對台灣唯一的敵人中國時，立場分歧，暴露出台灣在文明進化上的缺陷與不足，唯一改變這種不協調現狀的方式，就是透過台灣社會展現更文明，更成熟的多數民意。

或許我們可以從2023年由台灣天下雜誌所舉辦的「半導體世紀論壇」，嗅出台灣百年抉擇的微妙訊息。這一場論壇不

論是主辦方天下雜誌所代表的知識界；或者是論壇主角半導體教父張忠謀；以及多位半導體上市櫃企業家所代表的產業界；乃至於致詞人則是代表政界的總統候選人賴清德，皆可說是集合台灣產官學的一時之選，論壇現場更有超過70家國內外媒體，以及台灣邦交國使節參加，其對台灣社會所希望傳達的意涵不言可喻。

張忠謀在論壇中表示，他非常認同台積電的成功不是靠自己單打獨鬥，而是融入國際供應鏈，也就是來自世界文明體系的支持，他的談話意味著如果北京拿下了台積電，那麼台積電將失去文明體系的支持，而台積電也將不復存在。他同時表態支持美國的晶片政策，讓中國發展半導體的腳步緩慢下來。至於受邀致詞的賴清德則表示，沒有民主，台積電就無法持續，兩人言論彷彿遙相呼應。

不論是張忠謀、賴清德、產業界，乃至於主辦方，都具有濃厚的指標意義，這一場論壇巧妙地點出有關兩大文明體系的抉擇，在百年抉擇當中傾向站在世界文明體系這一邊，在場沒有親中立場人士，或者傾向中國的言論，同時明確地澄清了「美積電」和「疑美論」的爭議，這也是來自台灣社會最尖端產業、知識菁英與進步民意的表態，特別是這種不著痕跡的表態是與會各方所不曾有過的，不但呈現了台灣社會新民意的傾向，更有助於台灣選擇站在文明這一邊。

兩岸篇

BOTH SIDES OF
THE STRAIT

---第 十 六 章---

兩岸的文明之爭

▶ 最具代表性的文明之爭

　　自從中華民國遷台以來，兩岸鬥爭始終不斷，在第一進化時期，雙方互爭中國代表權以及中華文化正統，此時雙方都是威權體制，彼此文明差距不大；到了中國改革開放後，由於雙方有了第二進化的共同經濟利益交集，鬥爭趨向緩和，但是主權之爭始終未曾停止，中國亦不曾放棄武統台灣；當台灣社會進入第三進化後，這一時期的中國反而倒退回到第一進化，兩岸文明衝突加劇，如今雙方在體制、價值、生活方式和文明內涵上，已經是兩個不同的世界，即便雙方有著共同的文化，卻各自走向不同的文明發展路徑，形成「第一進化的中國」vs「第三進化的台灣」的對抗。

　　為什麼兩岸之間的對抗已經成為一場文明之戰？自從中西文明之戰開啟後，有關中國銳實力對全球的滲透與破壞，備受文明國家關注，幾乎各種領域都遭遇來自中共全方位的滲透與

收買。當然，台灣身爲文明體系的一員，北京對文明國家的滲透與收買手段，在台灣非但一樣不少，甚至來得更全面、更深入，此外，台灣還必須面對來自北京的直接軍事威脅，這是其它文明國家所沒有的。

台海和平已經超過六十年，絕大多數台灣民衆都生長在和平年代，並未接受過戰爭的洗禮，儘管兩岸一直都存在爆發戰爭的可能性。當前兩岸之間走向更全面的對抗，除了軍事安全層面，更包括了制度與價值之爭，但是多數台灣民衆不論在認

兩岸不同文明進化階段的競爭內涵

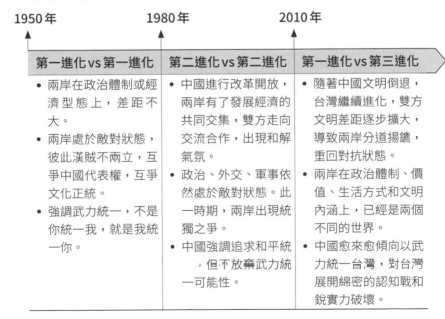

1950年	1980年	2010年
第一進化 vs 第一進化	**第二進化 vs 第二進化**	**第一進化 vs 第三進化**
• 兩岸在政治體制或經濟型態上，差距不大。 • 兩岸處於敵對狀態，彼此漢賊不兩立，互爭中國代表權，互爭文化正統。 • 強調武力統一，不是你統一我，就是我統一你。	• 中國進行改革開放，兩岸有了發展經濟的共同交集，雙方走向交流合作，出現和解氣氛。 • 政治、外交、軍事依然處於敵對狀態。此一時期，兩岸出現統獨之爭。 • 中國強調追求和平統一，但不放棄武力統一可能性。	• 隨著中國文明倒退，台灣繼續進化，雙方文明差距逐步擴大，導致兩岸分道揚鑣，重回對抗狀態。 • 兩岸在政治體制、價值、生活方式和文明內涵上，已經是兩個不同的世界。 • 中國愈來愈傾向以武力統一台灣，對台灣展開綿密的認知戰和銳實力破壞。

知或心理上，很難適應當前大環境急遽的改變，也不曾面臨中西文明體系的劇烈拉扯和選擇。對於這一場文明之爭，大部分的台灣民眾並未意識到：台灣已經成為中西文明之爭最具代表性、也最為激烈的地區！再也不是固守現狀與捍衛主權就能應付的，台灣必須建立新時代的認知，才能好整以暇地面對兩岸的文明之爭。

▶ 台灣的最大考驗，中國

　　長期以來，台灣和中國有著「剪不斷，理還亂」的歷史恩怨與主權糾葛，導致台灣必須面臨來自北京的各種干擾與威脅。特別是中國崛起後，軍事能力大幅提升，經濟體量已經是台灣的二十倍以上，北京對台灣的影響力愈來愈大，手段也愈來愈多元，成為台灣生存發展的最大考驗。北京對台灣有著所謂的「一手軟，一手硬」策略，硬的一手就是以武力威脅台灣；軟的一手則是當台灣願意認同九二共識，走向一中框架，就釋放和平紅利，或者以經濟進行攏絡與收買，順從時就給糖吃，不順從就實施經貿報復。

　　目前中國經濟每下愈況，財政捉襟見肘，愈來愈沒有能力透過撒幣進行收買，許多台商更因為中國投資環境惡化，經濟風險大增，大規模撤資與回流台灣。當中國的國力因為經濟下

行而減弱，就只能強化硬的一手，愈發強調武統台灣，導致兩岸爆發軍事熱戰的風險急遽升高，《經濟學人》雜誌因此形容台灣是「地球上最危險的地方」。

除了戰爭威脅近在眼前，北京對台灣的滲透與認知戰亦不遑多讓，兩岸開放三通後，一水之隔的兩岸交流往來密切，中共對於台灣的滲透有如水銀瀉地，其影響力快速的進入各領域，台灣因此成為全世界遭到中共滲透最深入的地區之一，甚至說是重災區亦不為過。近年來，台灣屢屢爆出共諜案，包括了軍事和商業間諜；此外，北京更透過台灣紅色媒體操弄輿論，在網路上帶風向，積極介入台灣選舉，製造社會的動盪與矛盾，「中國因素」成了台灣社會不安與混亂的最主要來源。

▶ 降低台灣文明維度的黑手

讓一個現代文明國家去認同文明落後的國家，要嘛必須使用暴力強迫，要嘛運用收買賄賂，再不然就是欺騙偽裝，以上不論哪一種方式，其目的都是為了造成台灣文明的倒退。因此，當中國想要稱霸世界，必須想方設法破壞文明秩序，輸出腐敗，帶來混亂和恐懼；同樣地，當北京想要統一台灣，必先使得台灣文明倒退，降低台灣的文明維度。當處在恐懼、仇恨、矛盾的情境中，就會失去理性的思考和判斷，回到本能的

反應，很多降低維度的言論其實都是反智的，情緒性的，當接受這種低維度的認知後，就會失去辨別判斷的能力。

北京並不樂見台灣持續走向文明進步，當台灣遠比中國富裕民主，那就根本不願統一，在這種情況下，北京想要統一台灣是極其困難的。但是當台灣的文明維度降低，回到較低維度的思考，那麼北京所擅長的經濟利誘和統戰手段就能派上用場，這也是北京為什麼必須降低台灣維度，阻礙台灣進入高維度的思考，不然北京根本沒有下手機會，正因為如此，北京不斷地對台灣進行認知戰，而中共成了降低台灣文明維度的最大黑手。

台灣走向文明的道路自然不會一帆風順，靠暴力和謊言起家的中共，愈來愈了解如何對台灣社會進行滲透與分化，迷惑台灣。近年來，台灣內部始終存在一股文明進化的逆流，試圖降低台灣社會的文明維度，瓦解台灣民眾的心防和認知，只要可資利用的議題，不論是國防安全、台美關係，甚至民生議題等，都有一股刻意炒作與擴大社會矛盾的特殊力量，這股力量更不時散播戰爭恐懼，如「首戰即終戰」、「千萬人頭落地」等言論。

很多降低維度的言論其實都是不合乎邏輯的，也經不起推敲的，但是仍然有相當比例的台灣民眾不能分辨，使得台灣不能團結一致；這些言論非但無法鼓舞人心，反而嚴重打擊台灣的民心士氣，讓台灣社會感受很不舒服。事實上，許多低維度

的言論主要來自親中人士或親中政黨，其中部分言論已經逾越了政黨競爭的合理範圍。

▶ 認知戰

台灣是全世界遭到中共滲透最嚴重的地方。過去台灣之所以能夠維持穩定，在於清晰的敵我認知，以及兩岸之間存在著明顯的文明差距，使得台灣社會不致受到中共宣傳影響。但是隨著中國搭上全球化列車後，宣傳手法日新月異，如今台灣面對的是有史以來最會宣傳的獨裁政權，中共利用台灣民主自由的言論環境，傳播經過刻意設計和扭曲，蓄意降低台灣維度的言論，使得台灣的敵我認知受到嚴重侵蝕。對於具有獨立判斷能力的第三進化民意而言，比較不易受到認知戰干擾；但是對停留在第一和第二進化的民意，就很容易受到認知戰的影響。

納粹宣傳部長戈貝爾曾說：「謊言重複一千遍就是真理！」而中共也奉行著這一名言。中共對台灣進行認知作戰的手段非常多樣，從引導媒體輿論，到社交媒體宣傳，到大外宣的出口轉內銷等，這一套宣傳建構了一個看不見的認知系統，其內容和言論並非基於事實和真相為基礎，通常是單向的灌輸與洗腦，而不是真相和平衡報導，一方面不斷放大台灣的缺陷，另一方面則不斷美化與粉飾中國，這是一個和現實差距極

大的認知系統；然而缺乏免疫能力的民眾就會信以為眞，導致台灣社會形成信者恆信，不信者恆不信的對立。

中共的認知作戰雖然厲害，影響廣泛，卻也是台灣文明成熟度的最佳測試。雖然台灣社會已經有一股爲數龐大、認知清楚的新民意，但還是有著相當比例的第一和第二進化民意，受到中共認知戰的影響，因此具有公民意識的新民意，必須成爲保護台灣的中堅力量！只要台灣持續邁向文明，當進入高維度的民意比例愈高，就愈不容易受到認知戰的干擾和迷惑。

▶讓台灣反對台灣

「中國代理人」在台灣是一種很特殊的群組，他們可能是前朝官員、民意代表、台商、學者、名嘴，甚至是黑道。一方面，他們立場親中，鼓吹統一，發表煽動性言論，打擊執政當局和政治對手，相當程度地影響台灣社會穩定，成爲國家安全隱憂；另一方面，在兩岸官方交流中斷的情況下，他們扮演著非官方的兩岸聯絡管道。此外，由於中共在台灣形象不佳，必須透過這些代理人的美化與包裝，或者透過他們做爲代言人，介入台灣政治，影響選舉，進而培養親中的民意代表，最終扶植親中的領導人，徹底改變台灣的文明走向。

其實只要檢視親中代理人的言行，就會發現其內容大多是

降低台灣文明維度，帶來負面的影響；事實上，這也是中共培養代理人的目的，成爲中共對台統戰的重要一環。2019年，台灣曾經爆發一場大規模反對紅色媒體的遊行，其中多家親中媒體被點名，主要以旺中集團旗下的數家媒體爲核心，其言論內容有如北京大內宣的台灣版，當時英國《金融時報》曾報導，該集團接受北京國台辦的指示處理新聞，引發輿論譁然。

而中共培養代理人，其鎖定的最主要目標莫過於親中的政黨，包括其官員、民意代表、退休將領等，都成了中共積極吸收拉攏的對象，除了其在政治上擁有一定的影響力，另一方面，和中國亦有著較爲深刻的文化與情感淵源，因此成爲北京統戰的重中之重。

以國民黨而言，自從連戰的「破冰之旅」後，國民黨卽不斷地向中國傾斜，其對待北京的態度，和兩蔣時代鮮明的反共立場已經不可同日而語，取而代之的是親中與和中，而國民黨的買辦文化使得國共經濟利益深深地嵌合，曾經爲台灣社會所詬病，在台海情勢緊張的時間點，國民黨高層應北京之邀前往中國，成爲全球反中包圍網的破口，不禁讓台灣社會和其它文明國家質疑：「國民黨到底站在哪一邊？」讓各界對於國民黨的定位和親中立場感到不安。

中共政協主席王滬寧多年前著有《美國反對美國》一書，暴露中共對美國的戰略陰謀和野心；隨著王滬寧實際負責對台政策和統戰工作，表示將加強和親中政黨與有識之士交往，促

進統一，可以預見的，未來將出現更多「台灣反對台灣」的現象。

　　事實上，讓「台灣反對台灣」的現象早已存在於中共對台的認知作戰中，利用親中代理人大量發表傷害台灣的言論，不著痕跡地建構一個「隱形的紅色台灣」，附身在正常的台灣身上，製造「台灣反對台灣」的對抗與內耗，讓兩種不同認知的台灣相互對抗。對台灣而言，這不但是一場「第三進化台灣vs第一進化台灣」的對抗，也是一場「高維度台灣vs低維度台灣」的文明之爭。

第 十 七 章

從文明進化看
「九二共識」

九二共識是兩岸之間最重要的政治論述，但是九二共識的複雜多變，卻讓台灣民眾難以理解，然而從文明進化的角度來看，九二共識將會變得簡單許多，並可進一步理解兩岸的文明之爭。

▶ 九二共識，第二進化的代表作

九二共識的醞釀與誕生，約莫從上世紀90年代開始，當時的台灣雖已實施民主，但尚未進入第三進化；而中國則因推動改革開放，進入了第二進化經濟掛帥的時代，「和平發展」成了主流，而和平發展有兩重意義，「發展」代表著第二進化的拚經濟，而「和平」則是避免第一進化的戰爭，在這樣的大環境背景下，兩岸同時有了共同的第一進化和第二進化交集，

爲兩岸提供開啟良性互動的契機。

在兩岸的第一進化時期，不是你統一我，就是我統一你，在這種情況下，兩岸根本不可能坐下來談。當兩岸進入第二進化後，雙方得以開啟比較文明的互動，淡化意識型態爭議，以務實的態度開啟全新的互動型態，而九二共識也應運而生，成爲兩岸歷來唯一的政治交集，兩岸官方打破長期以來不接觸與不談判的僵局，進而開啟前所未有的交流互動，當時彼此都對和平前景充滿樂觀的期待。

九二共識可說是兩岸進入第二進化的時代產物，也是時空與進化條件相互配合的結果，當時擁有多數民意支持的國民黨，與中國之間有著較深厚的民族情感，恰恰這時中國進入開明專制時代，使得兩岸允許創新的嘗試，於是兩岸創造了九二共識這一不曾有過的互動模式，創造了一個彼此都可接受的模糊地帶，主權矛盾暫時得到緩解，滿足兩岸各自的政治想像。當主權爭議受到擱置，兩岸得以務實地進行「先經濟，後政治」的合作與交流，爲台灣帶來了和平紅利與經濟紅利，「九二共識」可說是兩岸進入第二進化的代表作！

▶ 從第一進化進入第二進化互動

兩岸在九二共識的基礎上，快速的開啟了協商交流與大三

通，兩岸可以說瞬間由第一進化的對立隔絕，跳躍至第二進化的開放交流。在九二共識的蜜月期，北京對於國民黨所堅持的「一中各表」，雖然從未表示認可，但並未予以否定，除了考慮台灣社會對於統一的強烈抗拒心理，也基於支持國民黨取得政權有利推動兩岸統一進程，避免台灣走向台獨，使得台灣得以在表面不損失主權的情況下，帶來了看得到的和平紅利和經濟榮景，一時間，九二共識帶來了台灣經濟發展的源頭活水。

雖然九二共識沒有白紙黑字，但是當正式開啟兩岸交流後，九二共識就逐漸地具體化，具有高度的政治意涵，以及一定的政治效力，兩岸對一中原則雖然存在分歧，但是在謀求國家統一的這部分算是有了基本共識，使得台灣進入了廣義的一中框架，台灣也等於進入了「中國文明體系」，主權爭議逐漸成為兩岸內部矛盾，成為兩岸之間的家務事，而非國際爭議，北京在統一台灣的工作上算是有了關鍵性的突破。

九二共識先天模糊不清的特性，使其有如瞎子摸象，摸到哪一塊，就看怎麼解釋，看似維持現狀，但各方盤算都不相同。國民黨希望九二共識永遠維持「一中各表」；而北京則從一開始就堅持九二共識沒有各表，中華民國早已不存在；至於民進黨則否認有九二共識，雙方只有會談而沒有共識。雖然不同政治勢力對於九二共識的認知莫衷一是，但自從其成為兩岸交流基礎後，九二共識已然具有一定的政治效力，身為強者的北京顯然對於其中模糊的部分，擁有更多的解釋權和主動權，

成為積極進取的一方，而台灣則逐漸地陷入了被動困境。

▶ 朝向一中框架

只要台灣接受九二共識，基本上就等於接受了兩岸走向「一中」的前提，換言之，「一中」成為兩岸關係的主要論述核心，兩岸所爭論的只是一中有沒有各表，而不再是統獨或兩個中國，即便兩岸各說各話，也只能在一中框架內打轉。過去藍綠進行本土論述之爭時，國民黨落入了論述困境；同樣地，當台灣接受九二共識後，等於進入了北京所擅長的一中論述，即便台灣看似可以各表，卻改變不了台灣持續深入一中框架的大趨勢。

在馬英九執政期間，由於台灣承認九二共識，所以年年都能取得北京提供的 WHA 入場券，然而 2016 年民進黨執政後，北京要求民進黨必須繼續承認九二共識，方才允許出席 WHA，民進黨拒不接受，台灣從此無法出席 WHA。除了外交領域，在經濟領域也出現了同樣的狀況，以往在九二共識所謂「和平紅利」和「經濟紅利」的驅使下，台商普遍支持九二共識，2012 年大選，多位台灣企業家聯合表態支持九二共識，部分藍營政治人物更語帶恐嚇，如果不支持九二共識，台灣經濟將會嚴重倒退，此舉被視為當年國民黨得以贏得勝選的關鍵因素。

▶ 以靈魂交換利益

　　但天下畢竟沒有白吃的午餐，在北京釋出各種利益的背後，無一不是爲了交換台灣主權立場的鬆動，將台灣固定在一中框架內，也就是說，國民黨必須「以靈魂交換利益」。這也是爲什麼多數台灣民衆只看到九二共識所帶來的表面紅利，卻沒有意識到台灣在更大格局當中所失去的。在國民黨執政的八年，台灣大幅朝向中國傾斜，態度也變得卑微了，也許在形式上並未失去主權，但實際上，台灣的地位卻不斷下降，主權逐漸弱化，經濟加深對中國的依賴，北京對於台灣的控制能力進一步加強，兩岸天平快速的朝向「一中」方向偏移。

　　九二共識是達成一中原則的過渡性架構，從和平發展和拚經濟出發，最終達到兩岸走向統一的目的，九二共識就算功成身退；因此，九二共識可說是一個從第二進化出發，最終回到第一進化的過渡設計。國民黨2008年贏得政權並承認九二共識後，幾乎單押中國，以獲取中國所釋放的各種紅利，但北京可不是慈善事業，國民黨勢必得滿足北京的期待，導致台灣大幅度地向中國傾斜，其所堅持的一中各表也不斷的弱化，加上經濟紅利集中在少數人身上，造成台灣社會的普遍不滿。

　　只要接受九二共識，就意味著進入中國文明體系，這使得國民黨很難維持第二進化的維度，反而因爲必須滿足北京要求，導致文明維度不斷下降。國民黨執政後期的九二共識，已

經出現淡化「各表」的跡象，在2015年「馬習會」的歷史性時刻，只談一中原則和九二共識，卻未提「一中各表」，顯示國民黨對於「一中各表」的堅持已經弱化。九二共識曾經被視為國民黨2008年和2012年勝選的靈丹妙藥，但是到了2016年大選卻成了票房毒藥，國民黨不但輸掉大選，九二共識更被台灣社會下架，落得只剩下10.1%的支持度。

國民黨最初接受九二共識時，可謂風光無限，等到國民黨失去政權後，九二共識被視為跪地求和，這讓國民黨相當難堪，甚至黨內新生代也要求檢討九二共識，許多國民黨候選人在選舉時，紛紛避談九二共識，即便國民黨有著重拾「九二共識就是中華民國」的想法，重新強調「一中各表」，這不啻回到九二共識的原點，然而兩岸大環境早已改變，不論台灣內部對九二共識的認知，或者北京對於九二共識的解釋，都和最初的九二共識相去千里。

▶ 回到第一進化的九二共識

對北京來說，九二共識就是將台灣從第二進化降維到第一進化的最重要憑藉，北京從一開始對「一中各表」態度隱忍，到後來不允許各表，再到現在要求承認九二共識做為前提，接受回到第一進化的「一國兩制」。如今中共所談論的九二共識，再也不是一開始的九二共識了。

自從國民黨接受九二共識後，中共開展了一系列「養套殺」的政治操作。初期，中共對「一中各表」睜一眼，閉一眼，大量釋放經濟與和平紅利，與台灣「外交休兵」，爭取台灣社會對中國的好感，這一過程是謂「養」；等到台灣進入一中框架並產生依賴後，開始弱化台灣主權，以及控制台灣參與國際空間，這一階段是謂「套」；再來就是簽訂具有主權意義的政治性協議，例如兩岸和平協議等，推銷一國兩制，正式進入統一進程，這一過程是謂「殺」。以養套殺的過程來看，國民黨執政後期已經陷入被套牢的困境，只能被動的迎合北京；在2016年民進黨重新執政後，否認了九二共識，果斷地終結了此一「養套殺」的進程。

　　民進黨否認九二共識自然引來北京的憤怒，這意味著「煮熟的鴨子飛了」！北京好不容易讓台灣進入一中框架的努力，這麼一來等於全做了白工，於是北京採取了激進的對台政策，中斷兩岸交流與收回各種紅利，對台灣進行極限施壓，逼迫民進黨回到九二共識。此一時期，中國整體發展已經倒退回到第一進化，中國的退化也直接反映在九二共識上。習近平在2019年「告台灣同胞書」中，重新定義九二共識為「共同努力謀求國家統一」後，並首度將「九二共識」和「一國兩制」做了連結，台灣不再有一中各表的空間，九二共識自此已經完全降維到第一進化，這也代表著第二進化的九二共識正式成為過去式。

九二共識的「養、套、殺」三階段

養	套	殺
• 中國釋放和平紅利和經濟紅利。 • 利誘台灣進入一中框架。 • 在九二共識前提下，兩岸外交休兵，中國允許台灣有限度參加國際組織。 • 中國對於「一中各表」睜一隻眼，閉一隻眼。	• 讓台灣對於中國所釋出的經濟、和平、外交三種紅利產生依賴性。 • 進一步控制套牢台灣，深化台灣進入一中框架。 • 逐步弱化台灣對主權的堅持。 • 台灣「一中各表」的空間迅速流失。	• 中國否定「一中各表」。 • 兩岸簽訂具有主權意涵的政治性協議，如兩岸和平協議。 • 促使台灣接受「一國兩制」，走向統一進程。 • 台灣如果拒絕承認九二共識，中國收回經濟、外交、和平紅利，對台灣採取全面制裁。如在經濟面禁止台灣農漁產品進口，外交面挖走台灣邦交國，安全面則軍機繞台等。

　　就在中國回到第一進化的同時，台灣社會則是邁向了第三進化，而且出現爲數龐大的「新民意」。隨著兩岸在文明進化上的一進一退，九二共識再也無法適用於集體意識已經大幅進化的台灣社會。九二共識的興起與衰微，成爲反映兩岸文明進化的晴雨表，當兩岸都停留在第二進化，九二共識就存在，但

只要雙方不在同一個進化階段，那麼九二共識就不存在了，當然九二共識的先天設計本就無法進入第三進化，隨著兩岸和國際大環境的改變，九二共識已經回不去了，兩岸必須正視九二共識已經成為歷史。

▶ 香港，台灣，一國兩制

中國對台的統一有三部曲，九二共識是統一的第一部曲，成為兩岸走向統一的起點；一國兩制則是第二部曲，只要接受一國兩制，統一將成為一個不可逆轉的過程；最終進入第三部曲，從一國兩制走向一國一制，完成中國的完全統一。以下我們不妨觀摩香港的一國兩制以及對台灣的示範意義。

1997年之前，香港尚未回歸中國，當時除了沒有民主政治，香港擁有法治、自由、廉潔高效能的政府、繁榮的經濟等，位列亞洲四小龍之一，被譽為「東方之珠」，是當時亞洲最文明的地區之一，其進化維度介於第二和第三進化之間。但是在香港回歸實施一國兩制後，隨著英國全面退出香港，從此開始出現文明倒退跡象，雖然北京口頭上依然堅持一國兩制，但是「港人治港」和高度自治的精神逐漸淪喪，香港國安法也凌駕了香港基本法，原本承諾五十年不變的一國兩制，變成了一國一制，香港已然成為中國的一個大城市，文明更直接倒退

回到接近第一進化的維度。

　　根據2023年人權組織CIVICUS的報告，香港的自由程度持續下滑，達到最差的「封閉」等級，在評比的197個國家地區中，只有7個亞洲國家與地區被評為「封閉」，與中國、北韓、越南等文明落後國家並列，這不能不說是一個現代文明的悲劇；反之，脫離九二共識和一中框架後的台灣，連續4年被評為亞洲唯一「開放」國家。香港的文明悲劇說明了，當中國進入第二進化，可以允許香港「馬照跑，舞照跳」，但當中國回到第一進化後，香港文明跟著大幅退化，原有的法治和自由精神受到重創，香港金融和轉運中心的地位，更逐漸被新加坡給取代。

　　只要中國控制的地方，幾乎都存在著嚴重的人權問題，不論是新疆集中營或香港問題，都是二十一世紀的文明災難。台灣2020大選時，在目睹香港慘烈的反送中抗爭後，「今日香港、明日台灣」的對照，使得台灣社會產生強烈的危機感，激發台灣社會和年輕人空前的投票率，使得否定一國兩制和九二共識的民進黨獲得壓倒性勝利。原本鄧小平針對台灣所推出的一國兩制，在香港先行實施並做為解決台灣問題的示範區，但隨著香港的沒落與倒退，一國兩制也成了一個失敗的示範。

　　1984年，中英兩國簽署具有正式國際條約效力的《中英聯合聲明》，承諾香港的資本主義生活方式五十年不變，也就是說，香港的一國兩制受國際條約的明文保障，但是隨著一國

兩制的終結，北京宣告中英聯合聲明已是歷史文件，對中國和香港不再具有約束力。事實上，第一進化國家往往是不遵守合約的慣犯，中國尤其如此，對台灣而言，如果連白紙黑字的《中英聯合聲明》說撕毀就撕毀，更別說只有口頭承諾的九二共識。在中國沒有成為文明國家以及具備契約精神之前，兩岸不可能有任何互信基礎，遑論達成具體的政治協議。

基本上，中共處理台灣問題比香港多了一道程序設計，就是讓台灣先接受九二共識，再接受一國兩制，最終按照香港的路徑，回歸到一國一制，達到中共所宣稱的完全統一。不論是承認九二共識，或是接受一國兩制，中共都曾描繪美好的願景，以及宣稱回歸「祖國」所帶來的好處，諸如台灣可以實行不同於大陸的社會制度，台灣的生活方式將得到充分尊重，台灣的私人財產、宗教信仰、合法權益將得到充分保障，台灣的財政收入盡可用於改善民生。這些中共式的語言，也曾出現在香港一國兩制的保證中，但許多承諾最終都未實現。

事實上，中國承諾的好處和待遇，台灣社會都已擁有，反倒是台灣的健保、教育、社會福利等，讓中國望塵莫及，換言之，中共所能承諾的，甚至所能描繪的最好狀況，台灣都已實現，台灣何須放棄現在所有，去接受中共不靠譜的承諾，接受一個缺乏誠信的專制政權統治呢？

中共對台灣的承諾可說都是「虛」的，想要換取台灣的主權讓步，一旦台灣讓步，失去的卻是「實」的。因此中共的承

諾毋寧更像是政治騙局，而九二共識和一國兩制，也缺乏實質的吸引力和說服力，或許北京應該思考，如何務實的提升文明進化維度，將中國打造成一個現代文明國家，讓今天對台灣承諾的各種待遇，首先普及於中國人民之後，屆時再談統一，將比現在更具吸引力和可信度。

第十八章

統獨的文明進化意義

　　90年代，台灣興起了主體意識，這是一種基於「以台灣為中心」的思考，用以區別當時的大中華主義。台灣主體性隨著台灣民主政治的進展而強化，當台灣的總統、縣市長和民意代表，由台灣人民一票一票選出來，得使得台灣人民和這片土地緊密的連結在了一起，結合成為一個命運共同體，隨著此一主體性的建立與強化，也導致了兩岸的統獨之爭。最初的統獨之爭可說是兩岸民族主義的碰撞，形成「中國」與「台灣」兩種主體意識的對抗，這種第一進化的統獨對抗，隨著台灣社會進入第三進化，統獨的內涵已經大不相同。

▶ 統獨與文明之爭

　　台灣尚未實施民主政治前，兩岸都認為自己代表中國，此

時兩岸之間不存在統獨問題，台獨也不成氣候。但是當90年代台灣完成民主轉型後，台灣的主體性也由此開始確立。

當台灣社會開始有了主體意識後，過去威權時代被視為禁忌的台獨思想，逐漸地為台灣民眾所認識，成為統一和維持現狀之外的另一個選項。在中國崛起後，台灣愈來愈難以和中國抗衡，在各方面都感受到來自中國的強大壓力，如果台灣不想被統一，就只能另尋出路，因此有了「兩國論」和「一邊一國」等台獨主張提出，而台獨也成了中國的心腹大患，北京竭盡所能地試圖打壓撲滅台獨氣焰，結果反而成為台獨擴大發展的最大推手。

台獨的出現與興盛，既是主體意識誕生後的必然發展，同時也是基於對抗中國的需要。另外統獨議題所牽涉的不僅僅是國家認同問題，還包含了文化、歷史認同、民族情感的差異等，隨著台灣具有大中華情結的老一輩逐漸凋零，新生代對於中國歷史的記憶與情感日趨淡薄，加上民主與專制兩者價值觀的巨大鴻溝，都促成了兩岸的統獨對抗。

北京常將統一台灣和大清帝國收復台灣的歷史相提並論，顯示中國現在處理台灣統獨問題的思維，仍然停留在要求台灣投降，不然就武力征服的古老思維。而台灣由於主體意識不斷強化，加上持續在現代文明的道路上奔馳，統獨問題的本質也因為兩岸文明的差距愈來愈大，出現了根本的變化，如今的統獨之爭，不再只侷限於法理層面，更進化至兩種不同的體制之

爭和文明價值之爭。

▶ 統一與集體主義相伴而生

　　爲什麼中國對統一如此執著呢？除了大家所熟知的大一統思維之外，這和中國所處的文明進化狀態密不可分。「家天下文化」可說是中國第一進化的核心內涵，其形成已有數千年歷史。在此種文化系統下，父母擁有絕對的發言權與控制權，而子女晚輩能夠生存成長，完全得自於父母的養育恩情，因此「天下無不是的父母」，子女必須孝順與服從，不容挑戰父母的權威。這種家天下文化所形成的「家父長制」，不但是一種變相的等級關係，更是一種控制結構，低等級必須服從高等級，高等級順理成章的成爲統治階級。

　　當這種家天下文化放大到國家社會，成爲一種掌握絕對控制的威權體制，只要是領導，就代表了偉大、光榮、正確，因此我們看到中國領導人的權威不容挑戰，地方不得「妄議中央」，從家庭、社會到國家，建立一套綿密的控制體系。今日的中國，已經由過去皇家的家天下，發展爲黨國的家天下，兩者表面看似不同，本質上仍是一脈相承，唯一不同的是從皇家一家壟斷，變成數百個紅色家族的寡占。

　　在這套集體主義的邏輯下，爲了增加控制力度，具有血

緣關係的家庭聯合形成家族，形成更大的集體控制，然後聯合不同的家族形成民族。不論是政治上的中國，血緣上的中華民族，或是文化上的中華文化，乃至於當今控制中國的紅色家族，都建築在這種家天下文化的基礎上，而國家、民族、文化成為最大的集體主義，形成大一統思想，構成一個以最高階層領導為中心的體系，動輒標榜為了「國家利益」和「民族大義」，個體必須無條件地配合，以追求「偉大的民族復興」，甚至必須犧牲奉獻，「用十四億人民的血肉築成的鋼鐵長城」捍衛國家。

家天下文化進一步衍生出了嚴明的等級制度，這種等級制度的上層由權貴所世襲分配，所以階級是固化的，一般民眾根本沒有條件和能力打入上層階級，而底層民眾則往往淪為被剝削的對象，成為被收割的韭菜，因此如果要成為人上人，打入上層階級，只能逢迎討好權貴統治階級。在這種集體主義下，統治階級支配了個體的一切，從生命、自由、興趣，到婚配、生活、工作、行動等，都受到了剝奪和壓抑，人民的思想與創造力也都遭到了禁錮。

▶ 統一的思想邏輯

中國的家天下文化，等級制度以及大一統思想，可說是維

繫「中國文明體系」的支柱，在兩岸的統獨之爭中，最外圍也最容易被台灣接受的，當屬中華文化和儒釋道信仰；其次，進入內部較為深入的「兩岸同屬中華民族」、「兩岸一家親」、「兩岸同文同種」訴求，訴諸兩岸具有共同血脈，彼此都是炎黃子孫；最後再進入核心的政治層面，接受九二共識、一中原則等。以上漸進過程中的每一種層面，都隱含了家天下文化和大一統思想，都是第一進化內涵下的產物。

中共將國家稱為「祖國」，將中央銀行稱為「央媽」，這些文字語意都隱含著家天下文化的邏輯，而北京對所有的華人都灌輸祖國的迷思，當然對台灣也不例外。一旦接受這種語言邏輯後，就等於接受了家父長制，成為等級文化下的晚輩，必須服從與聽「祖國」的話。只要接受這種語言邏輯，很自然的就會降維到第一進化，回到守舊的中國文明體系。

當北京要台灣「回歸祖國」，或者是提倡「兩岸一家親」，隱含的就是回歸第一進化的家父長制，臣服與接受中國的支配。在家父長制的觀念中，晚輩必須回到父母身邊，孝順與服從父母，否則就被扣上不孝，甚至數典忘祖的帽子，因此台灣必須「認祖歸宗」，回到祖國懷抱，而台獨則被塑造為數典忘祖的民族敗類，我們經常可以看到中共官方或親中政治人物，發表台灣必須認祖歸宗的言論，實際上就是回歸中國文明體系，接受家天下文化。

基本上，在中國所追求的統一架構等級中，弱小的台灣就

是家天下文化當中必須犧牲與服從的晚輩，必須接受「一國兩制」有如父對子、君對臣的等級制度安排，在國家統一這件事上不許討價還價，台灣要嘛接受類似投降的和平統一，否則就武力統一。

如果我們將以上統一和集體主義的關係做個系統性的梳理（如下圖），可以推導出當前中共對台統戰的三個層面，分別是外圍、內部和核心。最外圍的認同包括了中華文化、儒家

中共對台統戰由內而外的三種認同層面

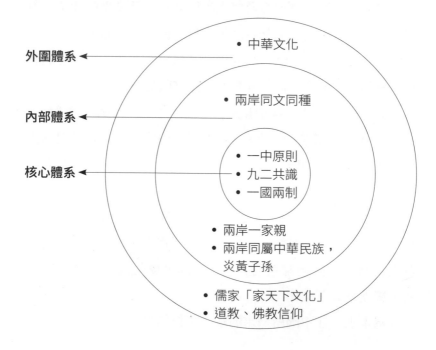

文化、宗教信仰等，這是台灣民眾比較沒有戒心也不會排斥的部分，往往也是進入中國文明體系的第一步；當逐漸地進入內部層面後，中共開始訴求兩岸有共同的血脈，彼此都是炎黃子孫、中華民族，所以兩岸要一家親；等到時機更成熟的時候，就進入政治訴求的核心層面，包括接受九二共識和一國兩制等，但這正是台灣最為戒慎恐懼的層面。

▶ 台獨與個體主義

在80年代之前，台灣社會對台獨諱莫如深或一知半解，有台獨思想的人並不多見。但是到了90年代，台灣發生了兩個重要變化：一是民主化，二是本土化，兩者對台灣的發展道路產生深遠的影響，而民主化和本土化的結合，形成以台灣為中心的主體意識，主張台灣的前途命運必須由2300萬台灣人民決定，於是「台灣」取代了「中國」，成為新的主流認同，造成了兩岸的統獨之爭，而台獨從此開始迅猛發展。

隨著台灣持續走向現代文明，台灣民眾擁有了自由意志，有了選舉權和言論集會自由，階級可以自由流動，可以決定自己想做什麼，發表什麼，不必擔心受到政府的管制或迫害。台灣個體主義的意識不斷茁壯，連帶的也促進了台灣主體性的加強，兩者可謂一體兩面。

相對於統一的集體主義概念，台獨則是個體主義的概念，而追求台灣主權獨立的「法理台獨」，可說是個體主義在第一進化領域的表現，而台灣主體性其實是台灣走向個體主義後的必然發展。事實上，北京敵視的法理台獨，只是台灣走向個體主義的一個面向，但北京卻將台灣走向個體主義的全面性發展，包含了台灣追求自主性與自由意志，都窄化為法理台獨，刻意轉移台灣已經蛻變成為民主自由國家的事實。

基本上，全世界的現代文明國家，都走過掙脫集體主義壓迫控制的過程，而所謂的個體主義，就是對集體主義畫出不可侵犯逾越的界線，諸如個人的生命、自由、財產、意志等不容侵犯。台灣自從掙脫了國民黨專制時代的集體主義控制後，現在則是面臨了來自北京集體主義的壓迫與勒索，不論是國際上打壓台灣外交生存空間，或者祭出兩岸一家親的感情勒索，其實都是企圖讓台灣放棄個體主義，回到第一進化集體主義控制下的手段。

從最初的統獨之爭到現在，統獨各自在不同道路上進化，如今的統一，還是第一進化的統一，但是台獨，卻已經跳脫第一進化的法理台獨，其意涵擴大到第二進化的追求經濟獨立自主，以及第三進化的思想、言論和選擇自由，換言之，台獨早已經被意涵與境界更寬廣的個體主義取代了，追求台灣法理獨立的老派台獨其實已經過時了，早已蛻變為追求民主自由與個體的獨立自主，在意涵上更寬廣的個體主義。台獨和個體主義

是兩種不同的進化層次，在北京的統獨語言邏輯中，將個體主義等同於台獨，實際上是為了逃避集體主義和個體主義的比較。

▶ 統獨之爭，一場集體主義與個體主義的對抗

　　集體主義的專制政權無法容許個體主義的存在，朝向個體主義的每一項發展，不論是追求獨立自主、民主、自由等，都必須脫離集體主義的控制，都代表著思想的覺醒，都會削弱集體主義的控制和統治基礎，因此必須將其扼殺於襁褓。當台灣擁有個體意識和呼吸自由的空氣後，北京就無法再把台灣塞回集體主義的牢籠，隨著台灣個體意識的建立和主體性的確立，必然拒絕回到中國集體主義的框架。不論是九二共識或一國兩制，這些其實都是讓台灣再度回到集體主義控制下的設計，而這些設計都有一個共同的特點——帶有強迫性和窒息性，無法獲得台灣社會發自內心的認同。

　　兩岸往往將注意力過度集中在第一進化的統獨主權之爭，卻忽略統獨之爭背後其實有著深刻的文明進化意義。當台灣的主體性確立後，不但開創了中華文明有歷史以來唯一進入民主自由的政體，台灣社會更建立了「人民當家作主」的概念，有了自由選擇未來命運的覺知，擁有可以對中國說不的權利。當然這些文明現象都是北京所難以接受的，北京從來不曾尊重個體擁有自由選擇的權利，更不希望台灣持續朝向文明方向前

進，導致兩岸的文明落差進一步擴大，增加統一的難度。

北京灌輸中國人「中國是祖國」的概念，當然對台灣也不例外，然而這個「祖國」只提供古老的第一進化選擇，只適合認同守舊中國文明體系的人；但是對於第二進化的民眾來說，哪裡可以安居樂業，可以獲得私有財產保障，那裡就是他的祖國；對第三進化的民眾來說，哪裡有民主自由，那裡就是他的祖國。因此思維停留在第一進化的台灣民眾，比較容易接受「祖國統一」的訴求；但是到了第二進化，就會加入經濟的考慮；到了第三進化，更加入是否民主自由的考量。

從集體走向個體，是一個從守舊文明走向現代文明的分水嶺，而兩岸統獨之爭的背後，可說是一場「中國集體主義vs台灣個體主義」的選擇；或是「中國主體意識vs台灣主體意識」的對抗；或是「古老守舊文明vs現代進步文明」的較量。但是中國卻將此一文明之爭，限制在最低層級的第一進化統獨之爭，避免進入更高維度的現代文明之爭。

▶ 將兩岸文明之爭，限制在第一進化的統獨之爭

在台灣，統獨之爭是最敏感的問題。根據政治大學選研中心的長期民調顯示，台灣支持統一的比例長期維持在10％以下；至於維持現狀的民意則維持在50％-60％之間；而支持

台獨的比例，則由90年代的10％左右，在經歷香港反送中及2020大選後，支持度開始暴增，並穩定地維持在20％以上。雖然統獨所占比例仍屬少數，卻往往占據了不對稱的話語權，只要談到統獨問題時，似乎其它的選項都不見了，只剩下「非統即獨」的選擇，一旦挑起統獨之爭，兩岸民眾往往掉入最情緒化的民族主義之爭，這時統獨雙方也就順勢支配了兩岸議題。

在北京最寬廣的台獨認定中，只要不認同統一，以及認同台灣或中華民國者，都可被視爲台獨分裂分子，這也意味著，從鼓吹台灣獨立的人士，到給予民進黨政治獻金的商人，乃至揮舞國旗的台灣藝人，甚至是國民黨的親美派和反共派，以及支持現狀的台灣民眾，都可以被打成台獨分子，台灣除了少數支持統一的人士，包括認同九二共識、一中原則、兩岸一家親的統派外，其他的台灣人都可以被中共視爲台獨分子。

近年來，北京經常是挑起統獨之爭的一方，特別是當台灣的主體意識傾向愈來愈強烈，愈來愈走向個體主義和強調民主自由，對北京構成巨大壓力，北京必須有效地阻止台灣繼續朝向文明方向邁進，不然兩岸的文明差距將愈拉愈開；而其中最直接而有效的方式，就是製造第一進化的統獨之爭，將台灣走向個體主義的努力，一律窄化爲追求法理台獨，只要一形成狹隘的統獨主權之爭，就能將兩岸爭議限制在第一進化的範圍，也只有停留在第一進化，中國才能取得論述優勢，而非進入中共無法討到便宜的更高文明維度。

為何中國要將兩岸的文明之爭，定格在第一進化的「統獨之爭」？

策略一： 限定在第一進化之爭	策略二： 淡化第二進化之爭	策略三： 遠離第三進化之爭
• 從統獨之爭導向回歸中國主體的認同，包括認同中國、中國人、中華民族、中華文化等「中國文明體系」的概念。 • 凡是具有主權概念，包括中華民國國號或國旗，台灣名稱，在國際上一律被封殺。 • 以絕對的軍事和外交優勢，霸凌台灣，在國際社會推動「一中原則」。 • 透過製造統獨之爭，鼓吹中共所擅長的民族主義，有利中共執政的合法性和政權穩定。 • 只有停留在第一進化統獨之爭，中國才能取得論述優勢。	• 隨著中國經濟的衰落，經濟收買和利誘台灣的力量已減弱。中國經濟模式失去了吸引力和說服力。 • 國際供應鏈與中國脫鉤。台灣在國際供應鏈扮演更重要角色，中國無力動搖台灣的地位。 • 兩岸國民所得以及科技實力存在巨大差距，使得中國和台灣難以在同一水平比較，因此必須淡化兩岸的第二進化比較。	• 台灣有選舉權和言論集會自由，中國依然處於獨裁專制與高度監控。 • 對於普世價值的認同與實踐，中國完全付之闕如。 • 第三進化是中國的短板，中國對台灣完全沒有優勢。 • 中國刻意迴避第三進化的議題，根本不觸及台灣民主自由的生活方式與比較。

▶反台獨是假，反民主自由是真

　　挑起統獨對立，其實無助於解決兩岸爭議，但北京爲什麼樂此不疲呢？最根本的原因在於兩岸的文明差距愈來愈大，如果大家都將注意力集中在兩岸的文明差距，形成一場「落後文明 vs 先進文明」，「專制 vs 民主」的競爭，那麼中共不但將失去統一的正當性，甚至是執政的合法性。台灣的存在，無疑讓中共的威權體制難以自圓其說，爲了避免兩岸掉入文明競爭，中共轉移焦點最有效的方式，莫過於將大家的注意力集中在統獨之爭，以轉移北京的政治壓力，將兩岸的文明之爭限制在最低維度的第一進化層面。

　　所以，中共的「反台獨」其實根本是個假議題，事實上台獨對中共的統治根本構成不了威脅，其反台獨的眞正目的，在於阻止台灣朝向個體主義，朝向民主、自由、文明的方向，因此中共眞正要反對與阻止的並非台獨，而是——台灣的民主自由！這才是讓中國感覺到芒刺在背的威脅。透過反台獨，將兩岸議題鎖在第一進化的統獨比較，中共就可因爲堅持統一，取得統治的正當性，同時避免兩岸議題朝向更高的文明維度發展。因此，反台獨只是幌子，反對台灣的民主自由才是眞正目的！

　　由於統獨問題可以輕易地轉移大家的注意力，這麼一來，就可以迴避「爲什麼同樣是華人，台灣的經濟發展更好？又能

擁有民主自由？」。對這類的質疑和比較，中共藉由反台獨，將兩岸爭議定格在第一進化的民族主義之爭，這才是最適合中共存續的低維度，這麼一來，北京就可移轉台灣文明進步所帶來的壓力。因此，統獨之爭的背後，在於中共不願進入更高的文明維度，無力用更文明的方式解決爭議，只要中共繼續停留在統獨之爭，兩岸就不可能進入更高維度的文明互動。

明瞭以上統獨之爭的真實本質後，若兩岸爭議真想和平解決，就必須開啟更高維度的文明互動，以取代現在低維度的統獨之爭，才能為兩岸關係帶來全新的風貌，而兩岸之間的真實文明差距，不應再被虛假的「反台獨」所遮掩。

第 十九 章

「美國派」或「中國派」？

在全球形成兩大對立陣營後，面對中美兩大強權角力，台灣身處風暴核心，加上台灣位處第一島鏈關鍵戰略位置，以及擁有全球最重要的半導體戰略資源，台灣成了兵家必爭之地，使得台灣必須做出中美選邊的關鍵抉擇。對台灣而言，曾經左右逢源的時代已經過去，想要在中美之間維持等距往來已不可能。根據調查，過半數的台灣民眾已經意識到，這是一個必須在中美之間選邊站的時代！

▶ 首次中美選邊站

過去台灣所面臨的選邊站，不外乎藍綠或統獨，但從來不曾面臨「你要選中國？還是選美國？」台灣在反共的年代，美國是台灣唯一選擇，但是在中國崛起後，中國成了美國之外的另一個選擇，如今台灣面臨必須在中美之間選邊站，這一關鍵

性選擇不但關係台灣的命運，也決定了台灣的繁榮或衰落，甚至是生與死。

當前中美不但在經濟和高科技徹底脫鉤，雙方更啟動了全面的文明之爭。因此當台灣在中美之間站隊，也等於在兩個大國所代表的文明體系做出選擇，從制度、價值觀、生活方式、到經濟型態，中美可謂兩種截然不同的典型，中國是典型的第一進化國家，美國則是第三進化國家，因此中美的選擇其實就是一場「第一進化 vs 第三進化」的文明抉擇。此外，在台灣內部，國民黨和民眾黨在中美之間並未明確選邊站，而民進黨則是明確的選擇美國，因此在中美之間的選邊站，直接也牽動了台灣內部對藍、綠、白三種政治勢力的角力。

根據台灣民意基金會2023年3月的民調，台灣民眾約61％親美，22％親中，親美約為親中的3倍，雖然比例相差甚大，但是仍然足以造成台灣社會的矛盾與撕裂，特別中國是台灣當今唯一的敵人，卻有1/4的民眾支持中國文明體系，這一比例就顯得偏高；當然這和兩岸之間千絲萬縷的各種連結有關，但也突顯了台灣在面臨更高層次的選邊課題時，內部還是存在著一定的認知盲區。

▶警察與流氓

二戰以來的七十年間，美國極力維護世界秩序，因此素有

「世界警察」之稱，這七十年也成為人類歷史上相對最為和平繁榮的七十年。對台灣而言，美國是台海現狀的建構者與維護者，不論是823砲戰，乃至歷次台海危機，美國都曾派軍協防或保衛台灣，以維繫台海現狀；此外，美國是當今唯一以法律明文規定防衛台灣的國家，可說如果沒有美國存在，台灣早已被中國併吞。相對於美國的世界警察形象，中國則往往被形容為流氓或惡霸，除了對周圍國家的霸凌行徑外，中國向來不太遵守國際規則，近年來更另起爐灶，聯手俄羅斯挑戰由美國和西方國家所建構的世界秩序。

　　雖然美國在許多方面的霸權作風，讓國際社會頗有微詞，但美國仍是所有大國當中相對文明，並且願意遵守規則的國家。例如美國是八國聯軍當中，唯一將庚子賠款完全用於中國的列強，成立了包括燕京大學、清華大學等學校，同時建立現代化的北京協和醫院，甚至將沒有用完的賠款資助中國派遣留學生前往美國，為中國培養具有現代視野的人才。而美國的態度後來影響了其它文明國家，如英國和法國等，美國可說是所有國家當中唯一沒有傷害中國，反而協助中國進步的國家，中國能有今日的工業製造和科技，大部分拜美國所賜。

　　此外，美國更給世界帶來了現代文明和普世價值，並在二戰協助同盟國戰勝了法西斯的侵略，幫助世界迅速從戰後的廢墟中重建。反觀中國崛起後，卻給世界帶來了破壞和傷害，不論是銳實力、戰狼外交，乃至一帶一路和新冠疫情等，兩國在

世界的形象高下立判，至於兩國的文明內涵則相去更遠。

▶ 中美在台灣的較量

在台灣面臨中美選邊站的同時，中美雙方也展開了爭取台灣的較量。對美國而言，如何保護台灣這位盟友，美國全球的盟友都在看，這關乎盟友對美國是否能夠充分信任。而中國則將台灣視為領土不可分割的一部分，是其最重要的核心利益。由於中美兩大國在台灣問題上都不可能退讓，雙方展開激烈的較量。中國視台灣為挑戰世界秩序的第一步，也是最重要的一步；而美國則視台灣為維護世界秩序與文明價值的決心展現，使得台灣不再只是霸權競爭下的一環，而是兩種不同文明、制度、價值的角力焦點。

台灣能有今日的發展與茁壯，美國長期以來所提供的經濟援助，以及將台灣納入全球化體系等，可謂功不可沒。根據台灣經合會和外交部的統計資料，在台灣最艱困的50年代，美國援助台灣的金額超過10億美元，接近當時台灣進口總額的一半，成為台灣最大的經濟支柱。在1951到1965年的美援期間，當時台灣財政赤字達到 11 億美元，但美援卻達到 14.8 億美元，除了緩解台灣外匯短缺的困境，更成為促進台灣經濟起飛的重要推手。

總計從1950年到1980年的第一進化期間，台灣接受國際組織和美國等發達國家的援助，不含美國協防台灣的軍援，總金額超過24億美元，如果換算成當今的幣值，金額可達數百億美元之譜。除了以上的金錢援助外，美國更提供技術合作和移轉，這才有了台灣後來的經濟奇蹟。客觀地說，台灣今日的民主自由和繁榮穩定，最大的外部因素就是美國，而台灣也得以在美國建構的世界秩序中發展茁壯，從世界的後段班晉升到前段班。台灣雖然和中國綜合國力差距甚大，但在美國一路支持保護下，台灣持續發展成為經濟和科技強國。

反之，台灣長期以來飽受中國打壓，如今更面臨中國銳實力的滲透與武力威脅。面對中美角力，夾在兩強的台灣有如洗三溫暖，一方面看似充滿戰爭危險，一方面卻又維持和平穩定；一方面備受中國打壓，一方面卻得到美國大力扶持，維持了兩岸的現狀平衡。

▶ 親美或親中

親美和親中兩者最大的差異在於，親中強調兩岸都是同文同種的中國人，因此是「自己人」，「外國人」怎麼可能比中國對「自己人」更好？外國人只會讓兩岸相互對抗消耗，看不得中國人好，阻礙中國的進步和崛起，因此兩岸必須排除外國人

的介入，台灣更不可做為美國的馬前卒。但是親美則是強調彼此具有共同的價值理念，共同維護民主自由的生活方式，因此強調的是彼此志同道合，具有共同的信念。

易言之，親中相對更接近第一進化，這種強調聯合自己人一起對抗外國人，其核心就是民族主義；而親美則相對接近第三進化，認為不論是哪一國或哪一個民族，只要享有共同價值，大家就是好朋友。因此親中更強調彼此是不是「自己人」，只要是「自己人」，就是同一邊和同一國，可以另眼相待，可以套人情，講關係，放寬標準和規定，享受特殊待遇。而親美則更多的關注是否文明與遵守規則，注重制度、法治、規則，不會因為彼此的關係或感情而左右判斷，大家可以擁有比較公平的待遇，而非問你是不是「自己人」。

換言之，當台灣越是走向法治社會和公民社會，走向民主和文明，愈是傾向個體主義，台灣就愈親美，並且進一步帶動台灣走向高維度文明。反之，如停留在等級社會與人治社會，傾向集體主義，那麼就會選擇親中，導致文明出現停滯和倒退。因此，當思維停留在第一進化時，親中就會成為主要選擇，但是當思維進入第三進化後，選擇親美的比例就會多於親中，這也是為什麼當台灣社會愈來愈民主，愈來愈文明，親美的民意穩定的超越了親中民意，並且和中國的關係漸行漸遠，與美國的關係則是愈來愈親近。

當美國聲稱台灣是其安全、經濟和民主夥伴，恰巧對應

的正是三種文明進化關係，因此稱美國是台灣的全方位夥伴亦不爲過。從現實面來說，台灣今日能享有民主自由與富裕的生活，和過去可望不可及的發達國家並駕齊驅，美國長期對台灣的支持不可或缺，在台灣最貧窮脆弱的時候，美國適時提供經濟與安全援助。基於過去的歷史背景，美國是一個對台灣相對穩定與友善的國家，台美更易建立互信基礎，不需隨時擔心被算計；反之，中國不但是台灣全方位的威脅，更是難以預測的專制國家，兩岸往來充滿了爾虞我詐，兩相比較，台灣很自然地傾向美國。

當然最實際的，中美選邊站直接關乎台灣的生存！過去七十年，台海大多數時間維持和平穩定，最關鍵的因素正是美國，如果說親美是台灣的生存之道，其實也不爲過，七十年前如此，今日依然如此；即便美國對台灣所做的承諾和保障，未必全部符合台灣需要，甚至可能視做爲美國大戰略下一枚活棋的疑慮，即便如此，美國相對仍然好過中國選擇，當中國有如凜冽的北風不斷吹襲台灣，只會讓台灣把美國這件溫暖的外套裹得更緊。

▶ 台灣的模板，韓國

韓國和台灣有著許多類似的地方，同樣是民主國家，經濟

型態和產業結構也極為接近，同樣也存在著中國情結，並希望在中美之間左右逢源；但是台韓兩方卻在2016年選擇了不同的路線，台灣阻擋了兩岸簽訂服貿協定，選擇了親美遠中，而韓國則選擇了親中遠美，中韓簽訂了FTA，台韓從此走向不同的命運。

當時的韓國總統文在寅強調要「對美國說不」！在外交上走向自主，不做美國的棋子，同時重啟陽光政策，在任內與中國、北韓共同簽署「終戰宣言」，在國際事務上傾向中國文明體系，深化與中國的戰略合作，疏遠和美國、日本的關係，對美、日、韓三國的同盟關係造成嚴重衝擊。但是在文在寅卸任前，與北韓的關係不但缺乏實質進展，連原本友好的美日關係也無法恢復正常。

文在寅任內，中韓兩國經濟關係熱絡，三星甚至標榜自己是「中國的三星」，在中美貿易戰後，相對於其它外資大舉撤出中國之際，韓國仍有大批企業留在中國，甚至反向加碼。在美國制裁中國高科技時，韓國並未站在美國這一邊，當美、日、台三方形成半導體產業聯盟，台灣高科技廠商遵守美國規則，不再投資中國先進製程，日本則是配合美國對中國進行制裁，而韓國則被歸類選邊站在中國這一邊，導致韓國企業面臨被美國陣營排除在外的困境。

韓國的親中政策與押寶中國的結果，在文在寅政府卸任前嚐到了苦果。除了經濟過度依賴中國外，許多在中國設廠的企

業人才大量被挖角，最終反噬韓國的企業，例如韓國的LCD面板已經被中國取代，三星OLED面板的高階生產技術，幾乎整條生產線和設備被中國挖走，並回過頭來搶了韓國的訂單；這種情況也存在於半導體、手機、汽車和造船等產業，過去韓國引以為傲的出口強項，到頭來反而遭遇中國強大的競爭，使得韓國在中國市場占有率節節下滑。

　　長期對中國享有貿易順差的韓國，在2022年5月，首次出現了三十年來對中國的貿易逆差，原本被寄予厚望的中韓FTA，並未帶來預期的出口紅利，反倒是中國對韓國的出口大幅增加，中國開始成為對韓貿易的順差國，而2022年更成為韓國有史以來貿易逆差最大的一年。除了貿易衰退，許多大企業更進入了寒冬，韓國的護國神山三星在2023年的首季財報，利潤更是巨額衰退96％；反之，走親美路線的現代和起亞，獲利都超過了三星，這在過去是不可想像的事。

　　韓國的親中路線與經濟衰退，牽動了2022年的韓國大選，成為親中與親美路線的對決，韓國《朝鮮日報》甚至形容：「如果選擇親中，就是屬國；選擇親美，則是同盟。」雖然這次大選由親美的尹錫悅獲勝，隨後矯正了親中路線，但傷害已經造成，對比在這段時期走向親美的台灣，則呈現了完全不同的發展面貌，台灣的經濟成長不但重回亞洲四小龍第一，甚至在人均所得上一舉超越了韓國，台灣的產業發展更是欣欣向榮，曾經是台積電最大的競爭對手三星，如今已經看不到台

積電的車尾燈。

　　也正由於韓國在親中後各方面朝向負向發展，韓國驚覺其發展困境與親中密不可分，2023 年 4 月，尹錫悅做出了令世人驚訝的 180 度改變，勇敢做出站隊美國的決定，同時放下民族仇恨與日本和解，大幅改善韓日關係，甚至無懼於開罪中共，勇敢的在台灣問題上表態「台灣有事，就是韓國有事！」韓國勇敢地選擇站在美國這一邊。

　　從台韓的對比就可以看出，親美與親中的選邊有多麼重要，不但改變了兩國的國運，也成了台韓競爭優勢的轉捩點。

▶ 疑美論已成為認知戰

　　親美是當前台灣社會的主流，只要美國存在，以現有中美綜合國力的明顯差距，中國是難以統一台灣的。北京自知在正常情況下無法和美國競爭，卻又必須改變台灣親美遠中的趨勢，這時就使出了破壞台美關係的殺手鐧，以縮短中美兩國在台灣的差距，其中最具代表性的莫過於「疑美論」。疑美論基本上都是建築在假消息，或者是刻意扭曲事實的基礎上，這類論調通常針對人性弱點以及欠缺辨別能力，刻意抹黑美國，離間台美同盟關係，例如刻意傳播虛假的「美國毀台計畫」，一石數鳥，既破壞台美信任，同時製造台灣社會恐慌和反美情緒。

美國是否保護台灣，直接影響台灣的生存與發展，因此一舉一動都牽動著台灣的敏感神經，而疑美論正是針對這一根敏感神經不斷撩撥。例如親中人士告訴台灣民眾，不要指望美國會保護台灣，當中國攻打台灣，美國不會為台灣出兵；更有甚者，某親中政黨高層散布言論指稱：一旦中美開戰，美國將會失敗，因為美軍的裝備是破銅爛鐵！這些言論不但滅了自己的威風，更嚴重偏離事實。

　　適度的疑美，有助於台灣對於各方的看法更加客觀與平衡，但當前的「疑美論」已經成為一種認知作戰，除了單方面的詆毀美國，將美國形容為戰爭製造者，一方面則刻意掩蓋避談中國對台灣和世界的威脅，以及中美對台立場的根本差異，藉此將台海不安的根源歸咎於美國。對台灣的國家利益而言，這種選擇性的疑美論顯然是一種惡意的操作，存在著特定的政治目的，棄台灣的安全與人民福祉於不顧。

　　由於中美之間的文明維度差距太大，兩者之間難以相提並論，疑美論可說是刻意塑造一個低維度的美國，以縮短中美在形象上的差距，讓台灣民眾以為美國不比中國高明到哪裡。所幸疑美論雖然高唱入雲，實際上，對於台美深厚的互信關係影響有限，民眾信任美國的比例依然大幅超過中國，而疑美論愈是甚囂塵上，美國支持台灣的力道也愈大，除了美國官方屢屢承諾保衛台灣，也以更多的具體支持行動化解台灣內部的疑美聲音。

▶ 誰站在文明這一邊，就選誰！

親美或親中，表面上是中美二選一，實際上卻是兩種不同文明體系和價值的選擇；也是「民主與專制」兩種不同制度的選擇；更是「進步或退步」的抉擇。這一選邊結果將決定台灣走向繁榮或衰落。至於要如何選擇呢？其實很簡單，「只要誰站在文明這一邊，就選誰！」選擇文明，就是選擇真理，這是最沒有爭議的，也是化解台灣分歧和矛盾的最有效方式。當台灣能夠堅定地朝向更文明的道路，必然得到更多的安全保障和國際支持。

文明與發展是息息相關的，選擇文明，其實也意味著選擇進步與發展，這也是為什麼所有的文明國家，都有良好的人文素質與相對富裕的生活。當初鄧小平在改革開放時，曾經提及跟著美國的國家都富了起來，其中的關鍵就在文明，也正因為中國選擇了文明，才能創造後來經濟奇蹟。台灣也正是因為選擇更文明的美國，站在文明這一邊，這才有了台灣今日的成就與安定；反之，如果選擇親中，選擇守舊的中國文明體系台灣，就會跟著現在的中國倒退回到第一進化，跟著一起變窮，和中國社會的思想和生活水平愈來愈接近，最終甚至失去現有的民主自由和生活方式。

當前台灣到處充斥真假難辨和是非顛倒的言論，選擇站在文明這一邊，是最直接也最容易的判斷。能夠給台灣帶來進步

文明的一方，必定帶來安全、繁榮、平等、信任；反之，選擇不文明的一方，只會帶來混亂、恐懼、懷疑和貧窮。如果套用在親中或親美的選擇上，哪一方代表更進步的文明，台灣就選誰，不需要夾雜太多的感情和情緒，這麼一來，選擇將會更加明朗。

第 二 十 章

兩岸的文明終局選擇

▶ 兩岸的文明差距愈來愈明顯

　　多年以來，台灣在文明進化的道路上一路領先中國，當中國改革開放之初，追求填飽肚子時，台灣已經衣食無虞；等到中國物質生活跟了上來，台灣已經進入了追求精神與心靈滿足的階段；更別說中國近年來的文明倒退，擴大了兩岸文明維度的差距。

　　為什麼同文同種的兩岸經過交流開放後，彼此之間的心靈距離反而更加遙遠了？在此我們不妨看看已經統一超過三十年的德國。在外人看來，東西德同文同種，主要的差距是經濟，實際上這只是表象，經濟的差距很容易彌補，但真正難以彌補的是觀念上的差距，由於兩德分別處在不同的制度和意識型態下超過四十年，其思維方式和價值觀根本就是兩種人：西德人崇尚獨立自由和創新；而東德人則顯得順從、守舊和呆板，因

此東西德雖然統一多年，但要實現眞正的融合，卻必須等待接受蘇聯時期思想控制的世代凋零。

兩岸的思想和價值差異，和未統一前的德國相當類似，不同的是兩德在各方面的條件，如幅員、經濟條件與人文水平等較爲接近；但兩德統一至今，彼此的差異尚且如此之大，更別說兩岸了。兩岸在第一進化時期有著許多交集，諸如黨國體制、民族情感、大一統思想等，隨著台灣進入現代文明，這些交集要嘛不復存在，要嘛已經淡化，或被更進步的文明觀念所取代。當更文明的台灣看到中國訴諸陳舊的民族主義，以及企圖野蠻地武統台灣，這讓台灣做何感想呢？這也是爲什麼兩岸開放交流後，台灣出現了「愈了解，愈遠離」的現象，反對統一的人愈來愈多，認同台灣的比例也愈來愈高，正是因爲彼此的文明差距太大，有如兩個平行世界。

從中國有歷史以來，從來不曾出現如兩岸這麼大的文明差距，中國充其量只是發展中國家，台灣則已進入發達國家之林；特別是以天朝自居的中國，向來認爲周邊國家是蠻夷之邦，當然對台灣也存在著這種優越感，只不過兩岸文明差距委實太明顯，「蕞爾小國」的台灣遠比中國更加文明進步，這是高高在上的中國不曾面對過的現象。特別是經過兩個世代的現代文明洗禮後，台灣的新世代已經和老一輩完全不同，年輕世代打從情感與認同上，就不信任、也不接受古老的中華帝國，他們已不可能再回到落後的中國文明體系。

▶ 以第一進化的思維，解決第三進化的課題

台灣問題最能說明中國用古老的思維解決現代問題的窘境。90年代，全世界有三大分裂問題，分別是東西德、南北韓、兩岸，除了德國順利統一外，其它兩個依然處於僵持對峙，而東西德之所以能夠順利而和諧統一，在於主導的西德擁有更高維度的文明，加上量體、經濟與軍事力量的優勢，使得這種以高維度統一低維度的情況有如順水推舟，其統一的過程非常平順。

而南北韓量體差距雖然不大，但在意識型態、經濟、政治體制、生活方式上，則是兩個不同世界，儘管南韓具有高維度文明優勢，成為善意與伸出橄欖枝的一方，對北韓推動陽光政策，卻由於彼此觀念差距太大，至今依然難以化解敵對。至於兩岸則由於量體規模差距過大，雖說台灣擁有高維度文明優勢，卻處於被脅迫的一方，當低維度的中國試圖主導統一時，必然引起高維度的台灣強烈抗拒。

當前北京處理台灣問題的立場，強迫台灣接受等同投降的「一國兩制，和平統一」，否則就武力伺候，這種解決問題的方式，仍然停留在三百年前大清帝國統一台灣的思維，但是現在的台灣和三百年前可是大不相同，不但有著合法的中華民國政權，同時已經成為一個發達國家，受到了來自文明國家的支持；更重要的是台灣社會的文明素質，遠非中國所能相提並

論。如果中國仍然停留在過去的時空，沿用兩千多年來一成不變的大一統思維，強行將兩岸捏合在一起，這將註定兩岸爭議是無解的。

中國近年來曾經提出「心靈契合」等具有第三進化的概念，只是這些概念超越了中國的進化能力。胡適先生曾說：「要怎麼收穫，先那麼栽！」中國不可能以第一進化的思維，結出第三進化的果實。北京提出的「心靈契合」概念，只能嫁接在第一進化的基礎上，脫離不了「兩岸一家親」或「共圓中國夢」的民族主義窠臼，對經過現代文明洗禮的台灣而言，這些過時落伍的訴求，絲毫提不起台灣的興趣，即便北京再怎麼包裝與宣傳，終究改變不了第一進化的本質。中國就像一個孔武有力卻思想粗糙的肌肉男，難以了解與深入台灣細膩的心靈世界。

▶ 戰爭或和平（一）：第一進化的和平

近年來，隨著中西文明之戰加劇，台灣成為全球文明終局之戰的最前線，這其中也包括了軍事熱戰。長期以來，中國對台灣始終不曾放棄武力統一，如今中國屢屢以武力對台灣極限施壓，兩岸之間的「戰爭與和平」不但是最熱門的話題，實際上也關係著兩岸的文明終局選擇。隨著台灣面臨中國發動戰爭

的可能性大增，台灣內部突然出現了一股避戰、反戰的聲浪，然而這股標榜追求和平的力量，所追求的是一種「第一進化的和平」，這是一種不可靠與不穩定的和平；是一種建築在台灣對中國單方面妥協讓步的和平；更是一種委屈而沒有尊嚴的和平。

第一進化的和平論，利用台灣社會愛好和平以及不願輕啟戰爭的心態，將投降主義包裝成和平主義，追求這種第一進化的和平最終只有兩種結果——投降或臣服，歷史上接受這種和平的國家多半沒有好結果，更無法阻止侵略者的野心。部分台灣親中的政黨或政治人物，所追求的正是這種一廂情願的和平，以爲單方面退讓就可擁有和平，天眞地主張台灣不應備戰，而是應該避戰與宣布中立，鼓吹台灣不需要買昂貴的武器，避免觸怒中國，以爲這麼一來就可以避開戰爭。如果台灣接納這種第一進化的和平，一旦中國發動戰爭，那麼台灣將陷入不設防的險境。

這種第一進化的和平論，就算得到北京的承諾，但這種承諾既不可靠，也難以長久，因爲中國和俄羅斯這類第一進化國家，本身就是不遵守條約和承諾的流氓國家，必要時，隨時可以撕毀承諾，不論香港的一國兩制或是俄烏戰爭，都是鮮活的教訓，何況這種和平論只是台灣某些特定人士一頭熱，北京從來不曾明確表態。這種第一進化的和平，所追求的是一種低階不穩定的和平，也是一種建立在弱小一方大幅讓步的虛假和

平，更是一種典型的第一進化叢林法則下的產物。

中共對台統一不外乎「武統」與「和統」兩種手段，前者以戰爭達到征服目的，後者則是透過滲透與認知戰，讓台灣為了避免戰火蹂躪，選擇投降和臣服，和統表面上可避免戰火破壞，實際的結果跟武統是一樣的，台灣最終都將失去主權和民主自由的生活方式。這種和平統一，其目的不在於和平解決兩岸爭議，而是讓中國在得以避免和文明國家發生戰爭的情況下，兵不血刃地拿下台灣。從和統的角度來看，台灣特定人士所鼓吹的第一進化和平論，或許是中共所最希望看到的結果。

▶ 戰爭或和平（二）：比九二共識更退一步的「和平論」

為什麼台灣內部的親中人士和政黨，將2024大選定位為一場「戰爭與和平」的抉擇？因為在2022年九合一大選，訴諸「票投民進黨，青年上戰場」的戰爭恐懼，的確產生明顯效果，成為親中政黨獲勝的重要因素之一。

然而從文明進化的角度來看，此一2024大選的選舉定位，比起2020又倒退了一大步，原本2020大選時，國民黨當時的選舉主軸「台灣安全，人民有錢」，尚還觸及第二進化「人民有錢」的經濟面，如今2024大選，卻只剩下第一進化的

「台灣安全」議題。國民黨之所以不觸碰經濟議題，在於過去大力支持國民黨的中國經濟崩跌，失去了經濟的吸引力和說服力，加上台灣脫離一中框架後，不但經濟表現更好，也脫離了對中國的經濟依賴，中國只剩下安全議題能夠操作，透過販賣戰爭恐懼干預台灣選舉，讓台灣社會因為恐懼戰爭而選擇親中政黨。

　　過去，國民黨執政時代，台灣曾經因為接受九二共識而獲得和平紅利，但是九二共識卻是一種讓台灣從第二進化回到第一進化的設計。如今這種第一進化的和平論，成為一種直接回到第一進化的設計，相對於九二共識還有和平、外交、經濟紅利，這種和平論除和平之外，其它什麼都沒了，甚至連和平都是虛假的，如果台灣連九二共識都無法接受了，又何必去接受這種每下愈況的和平論。

　　過去中國以九二共識做為利誘手段，讓台灣回到中國文明體系，如今則是透過武力脅迫，強迫台灣回到中國文明體系。當九二共識無法再誘惑台灣時，和平論成為另一種讓台灣回到第一進化的新包裝，話說九二共識尚且使台灣感到卑微而沒有尊嚴，那麼第一進化的和平論更是有過之而無不及，一旦接受這種和平論，也意味著台灣文明的立即倒退。

　　台灣社會必須意識到，回到第一進化的中國，與第二進化的中國的本質已經有所不同，第二進化的中國以經濟為主要手段，而第一進化的中國則是以武力侵略和征服為主，而中國

當下的文明維度決定其對台所採取的路線，即便台灣再怎麼退讓，中國都不會放棄武力脅迫，中國對外擴張的野心不只有針對台灣，幾乎所有中國周邊國家都強烈感受到來自中國的軍事威脅。因此台灣在中國文明本質大幅提升前，不應過度寄望於中共的善意。

▶ 戰爭或和平（三）：追求第三進化的和平

　　什麼是第一進化的和平？一言以蔽之，就是進入中國文明體系的和平；同樣的，什麼是第三進化的和平？其實就是進入世界文明體系的和平。

　　沒有民眾不期盼和平，但是處於不同進化階段的民眾，對於追求和平的看法卻有很大差異，許多選擇中國文明體系的台灣民眾，比較容易接受第一進化的和平；處於第二進化的民眾擔心戰爭影響經濟，因此部分傾向第一進化的和平；但愈是進入第三進化的民眾，則愈是選擇第三進化的和平，他們更清楚地意識到第一進化的和平只是一時苟安，而第三進化的和平才是真正維持台灣和平與穩定，以及免於一再被中國武力威脅與勒索的治本之道。

　　面對第一進化國家，和平絕不可能從天上掉下來，更無法靠避戰怯戰就可以獲得，不然和平豈不太廉價了？真正可靠

的和平必須建立在實力的基礎上，讓敵人不敢有惡意，使敵人發動戰爭所付出的代價遠超過得到的回報。當台灣一對一面對中國時，當然沒有優勢，但是當台灣和世界文明體系站在一起時，那麼就有足夠的力量抵銷中國對台的軍事優勢。正如尹錫悅曾經一針見血地在美韓聲明上指出：「必須透過壓倒性的力量才能實現和平，而非基於對方善意的虛假和平。」

基本上，現代文明國家所追求的是第三進化的和平，大家有著共同的文明價值觀、共同的利益、共同的安全觀，大家團結起來抵禦侵略，以集體的力量維護和平，因此這種和平是一種基於彼此的共識，以及建築在整體實力基礎上的和平，而北約正是這種和平思維下的典型代表，這是一種相對穩固與具有保障的和平，這才是台灣應該追求的和平。

在當前以規則為主的世界秩序中，弱小國家面臨安全威脅時，特別是面臨中俄這種不講規則的大國，在自身力量不足的情況下，必須尋求世界文明體系的支持，以集體的力量保護國家安全與維持和平，例如俄烏戰爭爆發後，瑞典和芬蘭隨即放棄中立，積極加強軍備以及申請加入北約，尋求集體力量的保護，使得俄羅斯不敢輕舉妄動。如今，印太地區走向北約化的趨勢變得愈來愈明朗，包含了日、韓、澳、印度、菲律賓、台灣等國家，尋求以集體的力量維護安全，這對台海和平帶來積極而正面的發展。

當台灣面對中國武力威脅，在兩岸軍事實力嚴重不對等的

情況下，除了強化自身實力和心防外，勢必得需尋求世界文明體系的支持與保護。台灣今日之所以能在中國武力威脅下維繫和平，除了自身的防衛實力外，背後更有著實力強大的盟友支持，如美國、日本等，此外台灣有著不可取代的存在價值，包括了重要的戰略位置，以及具有最重要的戰略資源晶片等，使得整個世界文明體系形成以集體力量保護台灣的共識，因此中國所要面對的不只是台灣，而是全球的文明國家，使得中國不敢貿然動武，而台灣也得以維繫珍貴而有尊嚴的和平。

▶ 兩岸關係的終局抉擇

　　台灣在兩岸的抉擇不外乎以下兩種，一種是選擇中國文明體系，逐漸地回到第一進化；另一種則是選擇世界文明體系，持續地走向第三進化。如果台灣回到第一進化，那麼可能是因為台灣選出親中總統；或者是台灣接受中國的九二共識與一國兩制的和統方案；要不就是中國占領台灣。但不論以上哪一種方式，都是多數台灣民眾不樂見的。另外則是台灣持續走向第三進化，蛻變成為高度文明國家，具備更高品質的文明內涵，並與具有相同價值的文明國家緊密連結，共同維護台灣的和平與安全，這也是目前台灣的主流方向。

　　事實上，當兩岸關係愈是脫離第一進化，走向文明，兩岸

關係就愈緩和，這才是創造兩岸和平的不二法門；過去改革開放時期，兩岸關係走向和平與發展就是很好的證明。反之愈是走向低維度，就愈是走向對抗，兩岸的關係也就愈緊張。很遺憾地，隨著中國的文明倒退，兩岸關係持續緊張成為了當前的主旋律。

只要中國願意走向文明，兩岸關係是可以大幅改善的，而且有著無限的可能性和創造性，台灣從來都不吝惜幫助中國的，但最大的受益者仍是中國，如同改革開放時期，台灣曾為中國經濟發展帶來巨大的貢獻，大幅地改善兩岸關係與降低雙方敵意。當兩岸都能進入第三進化，就可建立共同的價值與互信，基於現代文明的精神，以民主投票或平等協商等形式，尋求符合兩岸利益的最終解決方式，我們不需要去臆測最終的兩岸關係型態，只要兩岸雙雙進入第三進化，肯定將以文明與和平的方式化解兩岸爭議。

如果說經濟的問題，必須用經濟來解決，涉及文明的問題，就必須以文明來解決。世界的進化大潮早已不是十九世紀之前的農業時代，中國再也不能用農業時代的思維，試圖解決現代文明課題，「文明」是一把解決台灣問題的鑰匙，兩岸矛盾的最終解決必須以文明做為共同基礎。

北京總以為時間站在中國這一邊，實際不然，時間不會站在落後的一方，而是站在文明進步的一方。因此，北京與其汲汲建立九二共識，不如建立文明共識，將來得更切合實際和符

合時代潮流。中國已經在大一統思想和家天下文化中浸淫了數千年，是該藉著台灣問題脫離的時候了！

未來篇

FUTURE

第二十一章

隱形的世界中心——台灣

在兩大文明陣營的鬥爭中，從價值觀、高科技到地緣政治等，都涉及一個共同的核心交集，這個交集就是台灣，台灣儼然成為一個「隱形的世界中心」。

▶ 全球挺台的大趨勢

俄烏戰爭爆發後，為了對抗中俄兩個大國的威脅，催生了第三進化陣營的形成。文明國家意識到，面對中俄這種重量級的流氓大國威脅，不單是世界警察美國的責任，也是所有文明國家共同的責任，這使得原來鬆散的文明體系得以凝聚團結。對於向來習慣了蠻橫的中國和俄羅斯，兩國分別在台灣問題與俄烏戰爭上，錯估了文明國家的反應，文明大聯盟非但不再採取綏靖主義，漠視小國被打壓與侵略，甚且多個國家還強調：「當台灣有事，就是世界有事！」

長期以來，台灣備受中國打壓，處境有如國際孤兒，最近，這種境遇出現了戲劇性的轉折，對台友好國家如雨後春筍般地冒了出來，而國際社會對待台灣的態度也出現180度的轉變，許多文明國家連續通過友台法案，其中改變最大的莫過於歐洲，組團前來台灣訪問的國家前仆後繼，大家都在強化與台灣的實質關係，使得台灣成為國際政要最熱門的打卡地點，讓台灣的外交部應接不暇，大環境正朝向有利台灣的方向發展。

　　台灣身處反抗中國的最前線，隨著反共成為世界主流，台灣的地位跟著水漲船高，文明國家挺台正成為一種大趨勢，支持台灣已是新的全球共識。事實上，對許多出面挺台灣的文明國家而言，必須承受來自北京外交與經濟的巨大壓力；但這些國家大多不為所動，甚至加大支持台灣的力道，從聲援台灣以觀察員的身分參加世界衛生組織、國際民航組織、國際刑警組織的國家愈來愈多，即可見一斑。

　　當法國總統馬克宏於2023年訪問中國，提出歐洲不應為了台灣而捲入美中衝突，引爆歐美輿論譁然，招致海嘯般的撻伐，最後迫使馬克宏不得不改口，強調對台立場並未改變以平息眾怒。對於這一事件，台灣駐法代表吳志中在其發文中形容：「全法國都在討論台灣……所有輿論一面倒都在支持台灣，這真的是一個很強大的力量，台灣從來沒有獲得如此強大的曝光度與支持！」經過這次事件，台灣的支持度非但不受影響，反而更加確立「挺台」已經成為國際潮流，許多文明國家

對於支持台灣不再猶豫,這種情況是十年前無法想像的。

而在所有挺台的國家中,最支持台灣且無懼得罪中國的莫過於美國。從川普政府以來,美國通過了多項友台法案,但以拜登政府的《台灣政策法》最爲全面,涵蓋範圍也最廣,這是繼1979年《台灣關係法》之後,美國修訂對台關係的最全面法案;而拜登本人更是數度公開承諾,一旦北京入侵台灣,美國將軍事介入的立場。除了美國,日本力挺台灣也不落人後,前首相安倍在其卸任後率先提出:「台灣有事,就是日本有事!」一旦台灣遭受中國攻擊,等同對日本的攻擊,雖然日本官方並未明確表態,卻多次公開提及台海問題的重要性。

美國最高將領米利也曾表示,一旦台灣遭到攻擊,包括美國和盟友將配合馳援台灣,隱喻了文明國家將參與保衛台灣的戰爭。德國國會跨黨派代表團訪台時也表示,如果台灣受到武力攻擊,德方會勇敢地站出來協助和支援台灣。中國的有識之士也體認到此一世界趨勢,前解放軍將領劉亞洲曾說:「中共武統台灣的那一天起,就是中共跟西方全面作戰的開始!」

▶ 台灣的價值同盟

近年來,台灣結交了許多從來不曾想到的新朋友,如捷克和立陶宛等國家,這些朋友並非是利益之交,而是基於共同

的價值理念，雖然與台灣沒有正式邦交關係，卻無懼於中國恐嚇，對台灣雪中送炭；一些傳統的老牌民主國家，諸如美英法等國家，對台灣更展現了前所未有的支持，這些國家最常提及的就是：「與台灣享有共同的文明價值！」由於這些國家都是「文明俱樂部」的成員，有著共同的文明價值，所以當台灣進入第三進化後，已經不知不覺地躋身於此一「文明俱樂部」。

這些支持台灣的文明國家突然湧現並非偶然。在台灣尚未加入「文明俱樂部」之前，所擁有的朋友大多屬於傳統的利益之交；但是隨著台灣進入更高的文明維度，吸引了許多理念相近的新朋友，它們多數是文明國家，彼此之間有著共同的價值和默契，相互信賴，台灣從來不曾和這麼多文明國家打交道，從美國、歐盟、澳洲到日本，這些國家一字排開，不但具有強大的政經影響力，並且願意在共同價值的基礎上，擴展台灣的國際空間。此外，許多文明國家的非政府組織，也都強調支持台灣的民主自由，敦促國際社會支持台灣參與更多的國際事務。

這種價值理念之交，突破了台灣過去利益之交的侷限，開啟了台灣的外交新頁。由於這種價值理念共享的朋友，存在於中國無法到達的文明維度，北京除了威脅警告這些國家外，實際上難以干擾或阻止，中國本身缺乏普世價值的概念與制度，所以根本無法談論價值共享，甚至本身就是文明價值的破壞者，因此被排除在此一隱形的文明俱樂部之外。基本上，文明國家多半無懼於來自北京的恐嚇，甚至對北京的威脅不假辭

色，特別是許多國家本身曾是共產主義的受害者，如波羅的海三小國和東歐國家等。

▶ 台灣問題徹底國際化

在國際上，許多國家雖然行使「一中政策」，不承認台灣主權國家的地位，但也未接受北京的「一中原則」，承認台灣是中國領土的一部分。而「一中政策」和「一中原則」最大的差異在於，若承認一中原則，台灣問題就成為中國內政，而非國際議題，那麼國際社會就不能聲援台灣，否則將被視為干涉中國內政，這也是為什麼北京在國際社會總是強調「一中原則」，而以美國為首的文明國家多半強調「一中政策」。

由於台灣處在地緣政治與國際供應鏈的關鍵地位，台海安全攸關國際利益甚鉅，一旦台海爆發危機，其影響範圍不僅僅只侷限於兩岸，更是全球毀滅性的災難，因此布林肯明白指出：「台海危機並非中國內政！」而韓國總統尹錫悅則說得更直白：「台海問題不是中國內政，而是國際問題！」這也意味著，台灣問題已經國際化，再也無法被視為兩岸內部事務，儘管北京用盡洪荒之力，希望將台灣問題限制在內政範圍與一中原則之內，但台灣問題顯然已經脫離了這一範疇，成為必須在國際框架下解決的問題，其最終解決也必須符合國際社會的

期待。

　　當中國以銳實力走向世界，造成全世界的困擾與破壞後，各國對於台灣為什麼拒絕中國，對中國說不，有了更深刻的體會。過去國際社會總是透過北京的角度理解台灣，或者是優先考慮和中國的關係後，再決定與台灣的關係，但是國際社會現在愈來愈傾向和台灣直接接觸，不再透過中國代理轉手，同時一改過去經濟利益優先的考慮，轉而將價值觀擺在第一位。這麼一來，台灣就不再是中國的台灣，而是世界的台灣，全世界愈來愈了解兩岸在文明本質上的差異，很自然地在道德與情感層面上，更加同情與支持台灣。

　　台灣問題的國際化，北京毫無疑問是幕後的最大推手。北京頻繁威脅武統台灣，搞得台灣天天登上國際頭版，這不禁讓許多文明國家好奇，為什麼北京要如此大費周章地打壓台灣？許多國際人士過去不了解台灣，甚至不知道台灣，經過媒體大篇幅報導，以及多國政要發表有關台灣議題的談話後，開始對台灣有了新的認識。台海議題從來不曾吸引這麼多國家和國際人士的關注，台灣問題至此已經徹底走向國際化。

▶ 隱形的世界中心

　　二十一世紀，晶片取代了石油成為最重要的戰略資源，而

台灣的半導體產業，幾乎壟斷了全球高端晶片製造，美國商務部表示，美國超過30％以上的運算能力來自於台灣的晶片，70％最精密的晶片來自台灣，僅台積電就占蘋果、亞馬遜和谷歌等美國科技巨頭所需晶片的90％左右，至於全世界90％高科技的晶片也出自台灣，這使得台灣半導體在支持全球運轉上，扮演了無比重要的角色，加上全球有一半的貨櫃運輸通過台灣海峽，使得台灣成了全球的經濟中心。

除了在第二進化經濟與科技的核心地位，台灣在第一進化的軍事戰略地位也是無可取代的，在美國長期以來的兩岸戰略中，台灣被視為「不沉的航空母艦」，加上位處第一島鏈的中心位置，台灣成為護衛文明世界的重要屏障。至於在第三進化部分，台灣和文明世界享有相同的價值觀，可說是華人地區的民主燈塔與最佳示範，展示了一個不同於專制中國的選擇方案。正如拜登政府所說：「台灣是一個進步的民主政體，是關鍵的經濟體，是安全合作夥伴。」以上這段談話，言簡意賅地涵蓋了台灣在三種進化層面的中心地位。

也正由於台灣的關鍵地位，因而有「得台灣者得天下」的說法。對於想要建立世界新秩序的北京而言，台灣無疑是首要的戰略目標，中國若要稱霸世界，必先征服台灣，有了最重要的晶片產業和台積電，等於控制當代最重要的戰略資源，藉此可號令全球供應鏈；而第一島鏈封鎖的問題也將迎刃而解；更可規避兩岸制度與文明比較的壓力。拿下台灣，成為中國一舉

解決三種進化困境，以及實現「偉大民的族復興」的捷徑。

　　台灣雖然不大，卻因在三種進化層面的關鍵地位，成為新世紀「隱形的世界中心」，近年來從各種國際峰會，到所有的安全聯盟與對話機制，無不強調「台海和平穩定的重要性」、「兩岸問題和平解決」等，台灣就像身處風暴中心，看似風平浪靜，實則暗濤洶湧，成為兩大文明陣營對抗交會的核心，牽動著全球最大規模的地緣政治和軍事角力。

從三種進化領域來看：台灣何以是「隱形的世界中心」？

第一進化領域	第二進化領域	第三進化領域
• 位處第一島鏈的中心位置 • 被視為「不沉的航空母艦」 • 護衛文明世界的重要屏障 • 文明世界的重要安全合作夥伴	• 具有當代最重要的戰略資源——晶片 • 台灣在新興 AI 領域具有舉足輕重的地位 • 台灣在高科技領域和全球供應鏈的地位無可取代	• 和文明國家享有相同的價值觀 • 台灣是文明世界的價值盟友 • 華人地區的民主燈塔 • 華人地區的第三進化示範

▶ 台灣是世界的核心利益

　　台海危機代表了中國與世界文明體系的對撞，台灣之於中國和文明世界，如同烏克蘭之於俄羅斯與歐洲的放大版，只不

過台灣所牽動的範圍更大，重要性也遠超過烏克蘭。台灣或烏克蘭危機，不單只是「民主與專制」之爭，更是「第一進化 vs第三進化」兩種文明秩序之爭，如果說烏克蘭是兩大陣營對抗的軍事前線，那麼台海就是兩大陣營文明之戰的最前線，其所涉及的範圍更為全面。烏克蘭在俄烏戰爭爆發後，自始自終都獲得文明國家的強力支持，如果烏克蘭都不曾被放棄，那麼更重要的台灣當然不可能被遺棄，否則將徹底動搖文明國家對世界秩序的信心。

也正由於台灣是這一場文明之爭的核心，如果失去台灣，同時也意味著文明國家的全面潰敗，在第一進化層面，如果中國占領台灣，第一島鏈將徹底瓦解，文明世界將失去台灣這道安全屏障，第一島鏈再也無法阻止中國，而中國將反過頭來利用台灣做為軍事力量的投射平台，威脅美國本土和台海周邊國家安全；在第二進化層面，文明世界將承受失去台積電和台灣半導體產業的後果，對文明世界而言，在經濟和高科技領域不啻是致命性打擊；在第三進化層面，失去台灣，等於是民主自由價值體系的重大挫敗，以美國為首的西方文明制度和價值，以及以規則為主的世界秩序，將遭受空前的重創。

北京強調台灣是中國的核心利益，但是隨著台灣成為隱形的世界中心，如今台灣也是世界的核心利益。台灣在世界文明體系的支持灌溉下，方才成為今天的高科技重鎮，不是一句「台灣是中國的核心利益」，就可把台灣變成中國的一部分，以

及掠奪台灣的經濟利益和科技。當中國企圖把台灣納入中國核心利益的小格局，無疑地將挑戰全球核心利益的大格局，形成一場「中國核心利益vs世界核心利益」的對撞，這也是為什麼愈來愈多的國家關注台海安全，以及強調台海爭議必須和平解決。

　　失去台灣，不僅僅是人道悲劇，更可能導致文明體系的解體和世界秩序的大地震。反之，則是現有的秩序和體系得以維繫，並且邁向更高的文明水平，因此文明國家說什麼都得保護台灣，維繫台灣的民主自由，正因為台灣「隱形世界中心」的地位太重要，必須將台灣納入重重保護之下，不論是立法保護台海安全，共同警告北京不能以武力改變台灣現狀，或者是多國派遣軍艦與軍機巡航台海，乃至宣稱「台灣有事，世界有事」，台灣實際上已被強大的文明體系納入多邊保護之中。

第二十二章

台灣的文明崛起

關注時事或經常出國的台灣民眾應該不難發現：愈來愈多的國家出面挺台灣；台灣受到愈來愈多國家和國際安全組織的保護；台灣議題愈來愈國際化，獲得愈來愈多的國際關注；台灣的高科技產業有如脫胎換骨，成為全世界的科技中心；台灣的半導體產業執世界牛耳；台灣的防疫和衛生安全受到全世界的肯定；台灣受到愈來愈多外國人士的尊重和喜愛；台灣的國際辨識度愈來愈高；國際大環境對台灣愈來愈友善……，當台灣所有的領域都在朝更美好的方向發展，這種全面性的向上提升來自於一個共同的源頭，那就是——台灣的文明正在崛起！

如果說中國崛起是具有侵略性的、讓人害怕的，那麼台灣崛起則是和平與互惠的、讓人感到愉悅的。

▶ 台灣的崛起

　　台灣自從70年代退出聯合國之後，也等於退出了世界舞台，當時台灣雖然經濟剛起飛，卻仍處在威權統治之下。90年代，台灣繼經濟奇蹟後，接著創造了民主政治奇蹟，卻也陷入藍綠和統獨內耗中；同一時期，中國因改革開放吸引了大量台灣產業西進，導致台灣面臨產業空洞化的危機，陷入發展低迷的困境，薪資所得停滯不前，年輕人只能月領22K。此時中國迅速崛起，對台灣外交、國防、經濟構成重大壓力，一方面導致台灣面臨邊緣化的危機，另一方面，則是帶來台灣從此一蹶不振的信心危機。

　　然而在中美貿易戰與新冠疫情後，睽違世界多年的台灣，卻有如浴火鳳凰般地蛻變重生，再度回到世界舞台中央；這時候的台灣不但已經由威權轉型爲民主，由開發中國家蛻變爲發達國家，更從原本亞洲四小龍的最後一名，再度回到了第一名，同時更擁有全世界最高端的晶片，台灣赫然像一匹黑馬竄了出來，跑進世界的領先集團。這些年來，台灣在北京全面的打壓下，並沒有灰心喪志，雖然是中等量體國家，但是卻具有關鍵的影響力，譬如台灣掌握晶片和AI製造，其重要性並非有形的GDP所能顯示，而台灣對世界的貢獻和影響力，已經突破了量體上的限制。

　　近年來台灣在國際上的高能見度，讓世界更深刻地認識台

灣，不論是科技實力，或是疫情防控與處置，都令世界感到驚艷。台灣雖小，但是很平衡，幾乎什麼都有，而且名列前茅，台灣是世界第20大經濟體，第15大出口國，軍力排名全球第22，民主排名第8，在聯合國公布的「世界快樂報告」中，蟬聯東亞國家之首，台灣的存在價值正廣泛地被世界看到與肯定，台灣在短短六十年之間，由第一進化貧窮落後的農業國家，快速蛻變為富裕且擁有高科技的發達國家，可說是一個絕佳的成功典範。

過去在中國長期的打壓下，國際大環境對台灣相當不友善，但台灣依然在逆境中努力不懈，如今國際的風向變了，反共已經成為世界潮流，長期以來處在反共前線的台灣，終於得到了國際社會的肯定和支持，在各個領域開花結果，台灣也迎來了歷史性的機遇。

▶ 以文明贏得支持和尊重

如果拿中國和先進文明國家做比較，因為雙方在起跑點存在著太大差距，確實難以相提並論；然而台灣和中國曾經處於同一起跑線，又有相同的文化，拿兩岸做比較，無疑比拿中西做比較更為客觀，更具有代表性。兩岸因為選擇了不同的文明進化路徑，經過數十年的發展，如今兩岸的文明水平已有顯

著區別，台灣已經比肩歐美，成為文明國家，至於中國經濟雖已進入中等收入水平，整體卻依然停留在專制與高度監控的狀態，文明內涵始終不見大幅提升。

在中國一連串地輸出銳實力、戰狼外交、債務陷阱後，搞得自己聲名狼藉的同時，台灣國力雖然不如中國強大，但是經過華麗的轉身後，具備了輸出軟實力與高科技的能力，對世界的進步與繁榮做出巨大貢獻，建立了良好的國際形象和口碑，令中國望塵莫及。在外交上，中國往往運用大撒幣或經濟攏絡，收買貧窮落後國家，這是一種典型的利益之交；至於台灣與其它國家交往，默默地做出貢獻，不給其它國家製造麻煩和壓力，這種關係更像是一種君子之交，給人很舒服愉快的感覺，使得台灣贏得國際尊重與信賴，支持台灣也順勢成為國際潮流。

近十年，台灣雖然失去了相當多的邦交國，即便如此，台灣還是揚棄了和中國進行低維度的金錢外交對抗，雖然失去了一批邦交國，卻冒出更多理念與台灣相近的文明國家相挺，縱使彼此未必有正式邦交，但台灣所受到的支持一點也不亞於邦交國，例如2023年蔡英文訪美拜見眾議院議長麥卡錫，雙方關係已經達到非官方的最高層級，至於捷克國會更派出了160人的代表團訪問台灣。

這種實質外交使得台灣創造出一種不同於邦交國的模式，巧妙地存在於一個更高的維度，不需要和中國一般見識，去從

事低維度的金錢外交競爭，同時不讓支持台灣的國家感到左右為難，所獲得的國際支持卻不減反增。過去台灣的外交官，經常備受各國冷落，隨著支持台灣成為潮流，如今搖身一變，受到許多國家的熱烈歡迎。

「得道多助，失道寡助」，一個國家無論大小，都不能長期與人類文明的發展方向背離。第一進化的中國和俄羅斯，只強調力量與利益，不講究文明與規則，這兩年遭到全世界的抵制，缺乏真正的朋友。反而類似台灣這樣的小國家，因為站在文明的一方，卻擁有著許多患難相交的朋友，願意在台灣面臨危機時挺身而出，甚至與台灣站在同一陣線。

在更高維度的文明俱樂部當中，台灣所擁有的是貴賓券，中國則根本沒有入場券，且無力干擾台灣。這種實質關係的建立，很具體的反映出台灣地位不斷地提升，同時有著愈來愈多的國家支持台灣參加具有主權象徵意義的國際組織，並且在美國與歐盟的議會投票中，以壓倒性的票數通過以及付諸行動，這正是基於台灣對文明世界貢獻的肯定，這也意味著台灣未來極可能在國際事務上跳脫主權框限，從而展開新的一頁。

▶ 低調的實力

《紐約時報》在 2020 年一篇題為〈台灣是全世界最重要的

地方〉文章中提到，台灣雖然只是2400萬人口的小國，但其在半導體的全球競爭中，站在世界中心，處於絕對領先。事實上，除了紐約時報所提到的半導體產業外，台灣還有很多企業也都占據全球翹楚的地位，如大立光、聯發科、鴻海、台達電等，全球前10大IC設計公司中，有7家領導者來自台灣，台灣在高科技和全球供應鏈的地位，其實質影響力絲毫不亞於一個大國，全球高科技產業和工業製造如果少了台灣，將立即停擺；儘管台灣在國際上的行事作風異常低調，卻掩飾不了台灣科技崛起的光芒。

　　台積電可說是台灣低調實力的代表。如果說台灣是世界的台灣，那麼台積電就是世界的台積電，全球重要科技巨頭都和台積電有著密切關連，台積電的上游合作對象，幾乎和台積電同步開發與設計，配合先進的晶片製程，形成全球最尖端的科技產業，包括了AMD和NVIDIA，都是在和台積電合作後，由小公司成長為全球科技巨擘。台積電可說是一個集合全球尖端半導體技術人才、各種設備廠商、台灣特有產業聚落的結晶，今天世界的進步離不開台積電，也離不開台灣，而且愈是高科技，愈是現代文明國家，愈是倚重台灣。

　　除了中國以外，台灣和多數國家都非常友好，和世界各國都可交朋友，與許多國家建立密切的合作關係，其中半導體產業就是一種高度依存與合作的關係。晶片雖說是戰略資源，但是台灣並未藉此謀取暴利，在疫情期間，面對全球晶片嚴重短

缺，台灣兢兢業業地加班加點滿足全球需要，從未要脅其它國家或趁火打劫。對比中國在疫情期間，利用世界工廠的地位大發災難財的舉動，兩者形成強烈對比。正因為這樣的特質，台灣成為全世界理想的合作夥伴，誠如美國一位官員所說：「美國所要找的理想夥伴條件，台灣無一欠缺。民主體制、市場經濟、共同的價值與利益，台灣全都符合！」。

對比兩岸的產業影響力，台灣展現的是一種高維度、重質不重量的影響力，而中國所呈現的則是低維度與重量不重質的影響力。如今台灣的高科技產業已經進行技術輸出，成為許多國家夢寐以求的合作對象，例如台積電先後在美、日、德等國設廠，這不單是台灣科技實力的延伸，更和全球高科技產業鏈進一步嵌合。科技的背後是文明內涵，不同國家得以藉此建立高度合作與信任的關係。台灣不曾像中國敲鑼打鼓地大肆宣傳自己的實力，而是默默做好全球體系下的分工和本分，這份低調的實力，獲得全球更多的支持和保護，盡最大可能不讓台灣遭受戰火波及。

▶ 兩岸的黃金交叉

中國經濟在改革開放時期曾經創造三十年的高速成長，當時中國曾經高喊「和平崛起」，同一時間，台灣顯得相對沉

默。近來，隨著中國倒退，台灣加速前進，兩岸出現了黃金交叉，台灣重新開始了上升趨勢，所有的一切都朝向正向和更大的格局發展，邁向新的歷史高峰，台灣迎來了「文明崛起」的新時代。反之，中國則因爲重新走回專制和封閉，加上改革開放的能量用罄，各方面都呈現下行趨勢，中國開始由盛轉衰。

兩岸最眞實的櫥窗莫過於經濟。在中國經濟持續向上的階段，台商大舉西進，如今隨著中國經濟開始下行，台商大舉撤出，台資企業紛紛鮭魚返鄉，這種現象反映了兩岸的彼消我長。根據經濟部資料，台灣近十年對中國的投資，其金額已經銳減了一半，並且還在繼續下降中，同時，台灣對於中國的經濟依賴也開始下降，2023年第一季，兩岸貿易金額比前一年同期暴跌了1/4，撤除景氣因素外，這麼大幅度的衰退，說明了兩岸經濟大環境出現了結構性的轉移。

隨著台商的資金技術大舉回流，台灣經濟迎來了二十年來最好的榮景，台灣的產業布局也更加國際化，而中國在西方國家進行經濟脫鉤後，試圖建構紅色供應鏈分庭抗禮，但帶來的卻是經濟的內循環，財政瀕臨崩潰，難以跨越中等收入陷阱等，中國的經濟發展前景愈來愈不樂觀。根據德國最大保險公司安聯集團的一份報告，台灣人均淨資產達到了138,000歐元，名列亞洲第一，世界第五，台灣已然成爲亞洲首富，在台灣變得愈來愈富裕的同時，中國民眾則因爲房地產泡沫破滅，加上疫情和失業率影響，導致資產大幅縮水，人民愈來愈窮。

▶ 台灣可以更有自信

　　台灣長期以來受到北京的貶抑，對於歷史性機遇的到來似乎還沒做好心理準備，缺乏堅定的自信。川普時期的中國政策幕僚余茂春表示，台灣從裡向外看，它有很多悲觀的東西，但是從外面往裡面看，台灣是一個了不起的政治實體，就像台灣社會對政府疫情防控批評得很厲害，但是從外界往裡面看，台灣仍是全世界處理最好的國家之一。雖然台灣內部對於政府的批評很嚴厲，執政黨也的確存在著疫苗黑箱的問題，但在疫情最嚴重的那段時間，全世界的媒體都在報導台灣的疫情防控做得有多麼好，使得台灣短時間內舉世聞名，知名度和正面形象暴增。

　　不論是政治、經濟、疫情等，台灣內部總有一股不滿的聲浪，讓台灣社會感受不到自己有多好，甚至導向自暴自棄、自怨自艾。但是當台灣民眾走出國門，就會感受到國際對於台灣態度上的變化，親身感受到這些年台灣在國際地位的提升，以及世界對於台灣觀感的轉變，「全球愛台灣」正成為一種氣候。

　　這一點可以從以下具體的數據得到佐證。根據皮尤中心2023年8月發布的調查結果顯示，在全球24個中高收入國家的調查中，48％的受訪的民眾對台灣具有好感，28％持有負面觀感，其中好感排名前三位的分別是日本、南韓與澳洲，其比例分別是82％、75％及70％，其次是以色列和美國，大約有

三分之二的民眾對台灣有正面看法，只有印度和南非對台灣看法負面多於正面。這也顯示愈文明、和台灣互動愈密切、愈了解台灣的國家，愈是喜愛台灣。

　　如今世界對台灣更友善、更尊重，過去許多外國人搞不清楚台灣在哪裡？以為台灣人就是中國人，甚至是日本人或泰國人，但是這樣的情況已經改變了，這幾年大家愈來愈熟悉台灣，愈來愈喜歡台灣，愈來愈多地報導台灣美食，而不再是中國美食，台灣在國際的辨識度愈來愈高，而且只要掛上台灣這塊招牌，身價立馬水漲船高，這和台灣良好的文明形象深植人心有著莫大關係，這也是台灣從上到下的努力獲得國際肯定的結果。

　　隨著中國文明倒退，台灣文明持續進化，在國際上出現了前所未有的現象。比如過去親中的韓國，對台灣並不算友善，而台韓關係曾經因為產業競爭變得非常惡劣，近年來當韓國對兩岸不同的文明本質越來越了解，對台灣的觀感有了180度的轉變，如今韓國不但是最討厭中國的國家之一，同時愈來愈喜愛台灣、支持台灣、鼓勵台灣，韓國來台的觀光客在2023上半年甚至超越了日本，成為來台觀光客最多的國家。韓國從政府到民間，都對台灣表達了善意，而韓國對台灣的友好正緊隨日本之後，這種友好關係是過去台韓之間所不曾有過的。

　　隨著台灣在各個領域的進步，以及國際大環境對台灣愈來愈友善，台灣社會應該更有自信，其實台灣真的很優秀，做得

也很好，台灣值得去迎接一個更文明與美好的未來。

▶ 迎接台灣的歷史性機遇

伴隨著台灣的文明崛起，必然帶來歷史性的機遇，而台灣回歸國際社會的趨勢已經不可阻擋，台灣必須善加把握與創造形勢。

2023年以來，AI領域突然呈現爆炸性的成長，其中NVIDIA、AMD成了AI的領頭羊，而其成功的背後推手則是台灣。台灣除了為人所熟知的半導體產業外，在日趨重要的AI領域也占有重要的一席之地，從台積電的張忠謀，到NVIDIA的黃仁勳，AMD的蘇姿丰，無一不是台灣人，這些當代最具代表性的高科技巨擘，正是台灣科技實力的典範。許多親中人士配合中共認知戰，把台灣說得一無是處，然而事實與真相無情地打臉這些言論，對比中共的外強中乾，台灣正好相反，台灣的實力遠超過表面所能看到的。

除了科技之外，台灣不著痕跡地輸出文明軟實力，已經大大地提升了台灣的形象，使得全世界更加地認識台灣、喜愛台灣、肯定台灣。如今的台灣，不論在軟實力或硬實力，都有著非常好的基礎和條件，提供台灣大幅跳躍的可能。隨著台灣的文明崛起，台灣是一個被國際嚴重低估的國家，接下來台灣應

該思索，除了成爲一個負責任與成熟的文明國家之外，如何善用台灣的文明實力，推動台灣在國際社會扮演更重要的角色，創造更多的自主空間，爭取更多應有的權益和尊重，以匹配台灣的實力和文明高度，而這樣的歷史性機遇，將隨著台灣選擇站在世界文明體系這一邊之後快速到來。

第二十三章

台灣，中華文明的高階版本

當前的中華文明有兩大主流，分別是：以中國爲代表的第一進化中華文明，以及以台灣爲代表的第三進化中華文明。由於兩者系出同源，因此很容易被國際社會拿來比較，而兩種不同的中華文明版本，卻給世界截然不同的感受。

▶ 台灣，文明最先進的華人地區

台灣在短短的六十年之間，從第一進化的農業社會，蛻變至第三進化的公民社會，這一歷程堪稱是世界文明進化的奇蹟。我們不妨從歷年來的總統大選結果，看台灣近三十年文明進化的歷程：首任民選總統李登輝在全民直選下當選，確立了台灣的民主政治；陳水扁以農家子弟的身分當選，證明台灣是一個階級流動的社會；馬英九以非本土身分高票當選，證明台

灣沒有族群問題；蔡英文成為第一位女性總統，確立了台灣是一個性別平等的社會。每一次的大選，都可以看到台灣社會明顯的進化。

另外，我們從三種進化的角度看台灣政治議題的進化。李登輝和陳水扁任內，中心議題為國家和民族認同，因此動不動就問「愛不愛台灣？」、「是不是台灣人？」、「是不是台獨？」這個時期顯然是由第一進化的政治議題所主導。到了馬英九任內，第二進化的經濟牌取代了民進黨第一進化的政治意識型態。到了蔡英文任內，台灣在第一進化走出一中框架；在第二進化的經濟面，則是從兩岸格局走向全球格局；在第三進化層面，則和國際社會共享普世價值，對於民主價值的堅持超越了經濟。

台灣所代表的第三進化中華文明，不僅是全球文明進化最快的國家之一，也是唯一進入第三進化的華人地區。卽便和香港或新加坡相比，香港這些年因為和中國高度連結遭到池魚之殃，自由和法治精神遭受重創；而新加坡則是一個以經濟立國，實施家父長制的威權民主國家；至於中國則和其它華人地區存在著較大的文明落差，因此在綜合的進化條件上，台灣可以說是文明最先進與最均衡的華人地區。

台灣同時也是當前唯一擺脫家天下文化的華人地區，脫離了大一統思想和集體主義的綁架，儘管台灣還是有很多人受到大一統思想、傳統家天下文化的左右，但是更多的台灣民眾和

年輕一代，已經進入個體主義的思維，勇於追求與實現自己的理想，成爲華人地區眞正實現思想和心靈自由的文明典範。

▶ 台灣，唯一進入第三進化的華人地區

中國在現代文明的道路上摸索了近兩百年，至今仍然停留在第一進化；而獨立於中國大陸之外的台灣，選擇和中國不同的文明進化路徑，竟出人意料地開花結果，不但成爲中華文明當中最進步的地區，也是唯一進入第三進化的華人地區。

自從兩岸分治以來，台灣和中國分別代表著兩條不同進化道路的嘗試，一者走向共產主義道路，一者則是循著現代文明國家曾經走過的進化路徑。如今，台灣已經進入第三進化，而中國仍然停留在第一進化。正因台灣獨立於中國之外，才有機會嘗試一條不同於中國的道路，脫離中國守舊文化的枷鎖，走向現代文明，成爲中華文明五千年來唯一的異數！進入第三進化的台灣，隨著民主制度的深化與公民社會的日漸成熟，創造了中華文明的新境界。

數百年來，台灣一直有著移民社會的特點，對於外來事物抱持著包容與接納的心態。在走向現代文明後，台灣很好地調和東西方價值，共冶一爐，成爲東西文化交流的橋梁，台灣不但可以和許多國家分享共同的文明價值，同時也讓西方了解中

華文明的現代風貌與迷人之處，展現台灣珍貴而獨特的存在價值。

反觀中國，至今依然停留在第一進化的大一統思想、鬥爭思維、民族主義當中。中國兩千年來獨尊儒術，並以此為中心所形成的家天下文化，在這樣的文明體系下，強調道德治國，而非制度治國；強調等級社會，而非平等社會；不強調推翻專制，也不鼓勵追求自由。在這樣的文明環境中，一般民眾都成了順民，形成封閉僵化的社會結構，雖然有助於確保千年來中華帝國的政權穩定，卻無助於文明的進化，直到今天，中國仍然停留在第一進化的反覆循環中，繼續著封閉守舊的中華文明體系。

當中國依然延續幾千年來的第一進化，台灣卻已默默地打破此一慣性，跳脫傳統厚重的中華文化束縛，在文明維度提升的過程中，台灣告別了第一進化的集體主義，進入了個體主義，賦予個體應有的權利與自由獨立，擺脫集體主義以國家民族之名，剝奪與壓迫個體的權利。而台灣也打破了等級制度，在台灣，階級是自由流動的，而家天下文化和家父長制，在台灣的影響日益淡化，台灣更多地尊重人民的意願和年輕人的想法，在中國，高高在上的領導人是不可批評的，但在台灣，政治人物卻往往成為被揶揄調侃的對象。

▶ 台灣，中華文明的高階版本

　　兩岸雖有著共同的文化根源，卻因處在不同文明進化階段，以致中國更多地表現了落後野蠻的本質，這也是爲什麼中國發展出鬥爭精神的戰狼外交、破壞性的銳實力，以及一帶一路的掠奪式經濟；反之，台灣卻成爲先進文明的代表，不但是世界各國優選的合作夥伴，同時更是促進全球繁榮發展不可忽視的力量。

　　台灣在進化過程中，融入了許多現代文明元素，幾乎各種現代文明的象徵或指標，都可以在台灣看到，不論是世界所認同的普世價值，或者是台灣的文明素質，都讓人感到進步和愉快。有別於中國文明的厚重與壓抑，在台灣，隨處可見發自內心的人道關懷與扶助弱小，有別於中國的狼性文化與欺凌弱小；加上與世界有著共同的普世價值交集，若和中國對比，台灣可說是世界各國都更容易接受、也更高階的中華文明版本。前美國副總統彭斯在其演講中就曾提及：「台灣是更好的中華文化版本！」

　　疫情期間，當時中國自豪其嚴厲的防疫措施遠比歐美來得更有效，與此同時，台灣提供了另外一種鮮明的對比。中國的防疫罔顧人權，展現的是第一進化的野蠻特色，整個社會付出慘痛的經濟與人權代價；而台灣則展現了更爲文明的防疫典範，更加注重人性與人權，同時兼顧了經濟發展，展現了第三

進化的文明特色，對於自傲與具有大國身段的中國而言，這樣的台灣是他們所無法比擬的。當兩種不同版本的中華文明相互對照下，反映了兩者之間所存在著明顯的進化差距，台灣的中華文明展現更爲良善與進步的一面，和中國的中華文明風貌大相逕庭。

　　從極端防疫到新疆和香港人權問題，外加戰狼外交，以及中國民眾在海外的不文明行爲屢屢被放大檢視，使得中國的國際形象接近崩壞；同一時間，相同文化的台灣則是在防疫、普世價值、全球供應鏈上，默默地對世界做出貢獻，呈現和中國大異其趣的形象。兩個中華文明版本在國際社會出現了彼消我長的情況，台灣的文明表現愈來愈受到國際社會的肯定，愈來愈走向世界舞台，而中國的文明表現則是令國際社會感到無語。

　　在此引用一位來自葡萄牙部落客對於兩岸文明的不同感受。「外國人在中國始終要支付更多的計程車資和餐廳費用，無論在中國住了多久，都是如此，許多外國人幾乎習慣了每天被敲竹槓 …… 但是最困擾的，莫過於缺乏思想和言論自由，一位外國友人建議我不妨到台灣來，在這裡不但可以找到中國所有的一切，而且一切都更好。」於是這位部落客前往台灣，親身經歷了台灣的生活，充分體驗一個「更高階的中華文明版本」──台灣！

　　茲就兩岸的文明進化階段與特質比較如下：

兩岸文明進化現狀比較

	中國現狀	台灣現狀
進化階段	第一進化	第三進化
文明體系	守舊的中華文明體系	融合西方文明優點， 改良與活化後的中華文明體系
核心本質	鬥爭	合作
行事風格	張揚	低調
政治體制	專制獨裁	民主自由
經濟發展	開發中國家	發達國家
外交屬性	戰狼外交，金錢外交	價值外交，合作外交

▶ 台日關係 vs 中日關係

中華文明和日本文明，在歷史上有著許多恩怨情仇，然而兩個不同進化的中華文明版本，所看到的日本形象卻大異其趣。

今天的日本和二戰時的日本，基本上已經是兩個完全不同的國家，在美國的監管和改造下，日本由專制國家蛻變成為民主國家，雖然其歷史文化和血緣的傳承依然延續，但已不再是好戰的日本軍國主義，而是亞洲首屈一指的高度文明國家。

如今文明國家早就改變對日本的看法，並信任日本再也不會倒退回到二戰前，因而允許日本修憲與走向正常國家，在世

界舞台扮演更重要的角色。對比中國仍然停留在第一進化的民族主義，不斷向中國民眾灌輸仇日思想和反日教育，導致中國所看到的日本早已扭曲失眞，和全球所看到的第三進化日本南轅北轍。

中國在改革開放時代，鄧小平放下民族主義的仇恨，使得中日關係大幅改善，鄧小平曾對日本說，過去的事情就讓它過去，我們今後要積極地向前看！當時日本社會接近八成民意對中國懷有好感。但是隨著改革開放結束，中國彷彿又回到了原點，至今中國人民依然被禁錮在歷史的恥辱和仇恨中，卽便日本多次向中國對二戰的罪行道歉，先後提供鉅額貸款協助中國發展經濟，並大方提供中國生產技術，但是中國依然天天播放抗日神劇，在中國境內特意打壓日本文化，導致溫和的日本人成爲對中國最沒有好感的國家。

當中日關係因中國文明倒退日益交惡的同時，台灣和日本卻開啟了高維度的文明互動。雖然台灣也曾遭受日本殖民統治，卻能淡化歷史仇恨，和中國不同的是，台灣不鼓吹民族主義和仇視日本人。日本311大地震可說是台日關係的轉捩點，台灣透過捐款和各種方式援助日本，讓日本人銘記在心，此後，日本各界以感恩的心，不斷以各種方式回報台灣，至今未曾冷卻，這種發自內心的眞誠回報，以及由此發展出的信任關係和友誼，甚至比官方的關係來得更爲堅實，這也是彼此達到一定文明水平後良性互動的最佳示範。

2021年，受中國片面禁止台灣鳳梨進口影響，大量台灣鳳梨面臨滯銷，引發國際關注，特別是曾經受惠於台灣援助的日本人，紛紛表示：「輪到我們幫忙了！」於是大力協助推銷台灣鳳梨，一夕間在日本各大電商販售平台攻上排行榜，台灣當年的鳳梨出口因此創下歷史新高。2022年，中國在毫無預警的情況下，宣布暫停進口台灣石斑魚，讓數千噸石斑魚不知該銷往何處，一位在日本福島的養殖業者喊道：「讓我們來幫忙吧！」繼而宣布全面進口台灣石斑魚，該業者表示很感謝台灣在地震時伸出援手，是時候輪到他們報答台灣了！

兩岸不同的中華文明版本，與之互動的是兩種迥然不同面向的日本。當台日雙方都進入第三進化的文明維度後，就不會讓歷史恩怨阻礙雙方真誠而友善的互動，雙方關係持續走向良性循環；反之，當中日雙方停留在第一進化的民族主義情緒之中，歷史的仇恨就難以淡化，降低了彼此的互動維度，使得雙方不斷糾結於過去的歷史恩怨中，難以走向未來，這也使得中日對彼此充滿戒心與不信任，關係難以改善。

▶ 台灣，全球華人的文化寶地

台灣做為更高的文明版本說明了一項事實，那就是接受世界文明體系，轉換進入更高的文明維度，非但不會破壞原有的

文化，反而對原有的舊版文明進行更新，同時融入新的元素，賦予新的生命力和解釋，帶來了文明的活化，進而升級爲更高階的版本。台灣不但走出守舊的中國文明體系，更將中華文明推升到一個新的進化境界。

　　台灣的進步文明，以及對於傳統文化的保存，使得台灣成爲全球華人的文化寶地，甚至前中國政協主席汪洋都曾提及，文化大革命把很多中國傳統文化的精華和糟粕一塊去除了，但在台灣卻保存得很好。國民黨撤退來台時，帶來了6800位文史菁英，當中國正在進行文化大革命，大肆破壞傳統文化的時候，台灣卻倡導文化復興，正因如此，中華文化在台灣有著更完整的傳承。

　　隨著台灣社會進入第二進化和第三進化，台灣也由集體主義進化至個體主義，當然這也使得台灣的中華文明的本質產生重大調整。原本第一進化的家天下文化、大一統思想、民族主義、等級制度等，都充滿了濃厚的集體主義色彩，但是卻隨著台灣進入個體主義後，這些特質逐漸的淡化或消失，或者出現了現代性詮釋。換言之，台灣的高階中華文明版本，其本質是一種個體主義的中華文明版本，而台灣社會應該放大視野，這種個體主義的中華文明不應窄化爲「台灣化」或「台灣文明」，那麼台灣將成爲現代進步中華文明的最佳代言人。

　　台灣展現的更高階中華文明，不但包含新時代的民主自由人權，也保有了極其正統的文化元素，和中華文化謙遜低調的

內涵，有別於中國在崛起後的高調張揚，台灣不會一再強調自己有多好，更多的是讓國際細細品味與發掘。或許台灣傳統建築和文物沒有中國那麼多，但卻擁有更豐富的文明內涵和優美文化，有著溫良恭儉讓的美德，以及在更高文明維度下，詮釋了正面與良善的中華文化，讓每一個人都享有人權的尊重，這樣的中華文明讓人感覺很輕鬆，也充滿了驚喜和感動。

台灣很好的詮釋了中華文化利他與互助的思維，迥異於中國的鬥爭和利己哲學；台灣有著豐富自由的宗教信仰，以及絢爛的宗教慶典活動，展現旺盛的生命力，提供各種不同信仰的人們心靈寄託，和無神論的中國形成強烈對比。台灣的存在，展現了中華文明迄今最美好的可能性，這是一種沒有辦法用言語形容的寶藏。幸虧有著台灣的存在，讓大家今日可以感受到中華文化美好的一面，同時體驗更高版本的中華文明。

中國作家韓寒到台灣旅遊後，寫下〈太平洋的風〉這篇文章，其中提到：「毫無疑問，如果我在台灣多停留幾天，我當然能看見它不如人意的一面，也許它硬件不夠新，也許它民粹也湧現，也許民怨從不斷，也許它矛盾也不少。沒有完美的地方，沒有完美的制度，沒有完美的文化，在華人的世界裡，它也許不是最好的，但的確沒有什麼比它更好了。」對全世界的華人而言，深入接觸台灣的中華文明，為其帶來深刻的心靈感動，在很多華人心目中，台灣毋寧是文化和文明意義上真正的中國，同時也是全球華人探索中華文化的寶地。

▸ 台灣不需改變中國，只需成為中華文明典範

　　歷史上的中國，絕大多數時間處於文明領先地位，曾幾何時，今日的中國卻淪落為不文明國家。中國必須轉型，這是全球文明國家心照不宣的共識，但文明國家已經放棄對中國和平演變的期待，不再支持和西方為敵的中國發展，而是讓中國直接面對破壞世界秩序的苦果，例如經濟脫鉤或科技封鎖，以及將中國逐漸排除在各種文明體系之外。如果中國不走向更高版本的文明，不改變體制，中國將繼續被隔離於文明世界之外，成為一塊被放棄的大陸。

　　台灣成功的實例，使得國際社會將台灣視為文明楷模，一定程度地改變世人對於中華文明的看法，台灣不但是華人地區現代文明的領頭羊，更是引領中國的一盞明燈。而對中國最有說服力的文明模板，無疑就是台灣！當兩岸在國際上的表現反差愈大，國際社會就更希望台灣發揮積極的文明示範作用，中國不需要和老牌的歐美文明國家比較，只需要和同文同種、曾經處於同一進化水平的台灣對照即可，如果台灣可以用六十年的時間蛻變成為文明國家，那麼中國沒有理由做不到。

　　對文明國家而言，支持台灣成為中華文明的典範，形成兩種中華文明的強烈對比，比和平演變中國來得更為實際而有效，這也是為什麼台灣被視為照亮中國這片黑暗大陸的一座燈塔。做為一個更進步的中華文明版本，台灣並不需要依附或臣

服於中國，也不需要背負任何道德責任去改變中國，台灣只要繼續做自己，朝向高度文明國家的方向前進，當哪天中國想要結束被世界隔離孤立的日子，決定走向現代文明時，台灣早已提供一條邁向更高文明版本的現成道路。

歷史與現場 350

第三進化──認知作戰下，台灣與全球的文明終局抉擇

作　　者─周百濤
圖表資料─周百濤
責任編輯─廖宜家
主　　編─謝翠鈺
行銷企劃─陳玟利
美術編輯─李宜芝
封面設計─兒日設計

董 事 長─趙政岷
出 版 者─時報文化出版企業股份有限公司
　　　　　108019 台北市和平西路三段 240 號 7 樓
　　　　　發行專線─ (02)23066842
　　　　　讀者服務專線─ 0800231705
　　　　　　　　　　　 (02)23047103
　　　　　讀者服務傳真─ (02)23046858
　　　　　郵撥─ 19344724 時報文化出版公司
　　　　　信箱─ 10899 台北華江橋郵局第 99 信箱
時報悅讀網─ http://www.readingtimes.com.tw
法律顧問─理律法律事務所 陳長文律師、李念祖律師
印　　刷─勁達印刷有限公司
初版一刷─ 2023 年 10 月 20 日
定　　價─新台幣 400 元
（缺頁或破損的書，請寄回更換）

第三進化 : 認知作戰下 , 台灣與全球的文明終局抉擇 / 周百濤著 .
-- 初版 . -- 臺北市 : 時報文化出版企業股份有限公司 , 2023.10
　面；　公分 . -- (歷史與現場 ; 350)
ISBN 978-626-374-457-8(平裝)

1.CST: 臺灣政治 2.CST: 國際關係 3.CST: 兩岸關係

573.09　　　　　　　　　　　　　　　　　　112016701

ISBN 978-626-374-457-8
Printed in Taiwan